*Check**Ap***

Kennzahlen
in der Apotheke

Reinhard Herzog

Mit 32 Tabellen und 6 Abbildungen

D1726437

 Deutscher Apotheker Verlag Stuttgart

Anschrift des Autors:

Dr. Reinhard Herzog
Philosophenweg 67
72076 Tübingen
E-Mail: Heilpharm.andmore@t-online.de

Bibliografische Information Der Deutschen Bibliothek
Die Deutsche Bibliothek verzeichnet diese Publikation in der Deutschen
Nationalbibliografie; detaillierte bibliografische Daten sind im Internet
über http://dnb.ddb.de abrufbar.

ISBN 3-7692-3514-2

© 2004 Deutscher Apotheker Verlag Stuttgart
Birkenwaldstr. 44, 70191 Stuttgart
Printed in Germany

Druck: Gebr. Knöller GmbH & Co KG, Stuttgart
Umschlaggestaltung: Atelier Schäfer, Esslingen

Steigender Wettbewerbsdruck, eine veränderte Einnahmebasis in Form neuer Honorierungsmodelle und freier Preiskalkulation im OTC-Segment und anderes mehr – in letzter Zeit ist der Kollegenschaft schon einiges zugemutet worden.

Eines zeigt sich dabei immer klarer: Zahlen, Daten und Fakten werden für eine erfolgreiche Apothekenführung noch wichtiger – ohne die klassischen Tugenden wie ausgeprägte Servicebereitschaft, erstklassige Fachkompetenz und den »Herzlichkeitsfaktor« zu vernachlässigen.

Das vorliegende Büchlein möchte Ihnen hier zur Seite stehen, wohlwissend, dass ein solches Vorhaben in gewisser Weise die Quadratur des Kreises darstellt: Derart vielfältig ist das hier angebotene Themenspektrum rund um das Thema Betriebswirtschaft, Unternehmensführung sowie Steuern und Finanzen. Eine pragmatische Auswahl, auf den Apothekenbetrieb gemünzt, war also gefragt.

Es war es mir ein Anliegen, das Dargestellte trotz aller Kürze in hinreichender Ausführlichkeit, Anschaulichkeit und Verständlichkeit für den betriebswirtschaftlich Ungeschulten zu beleuchten und, wo sinnvoll, mit instruktiven Beispielrechnungen zu hinterlegen.

Ein wichtiger Hinweis: Die steuerlichen Rahmenbedingungen sind so kompliziert wie in keinem anderen Land dieser Erde – je nach Schätzung betreffen 60% bis 80% der gesamten Steuerliteratur weltweit (!) das deutsche System. Deshalb können die hier gemachten Angaben nur orientierend sein. Der eine oder andere Wert mag durch die »Reformitis« oder in den Mühlen der Ministerialbürokratie schon wieder aufgerieben worden sein. Prüfen Sie daher den aktuellen Gesetzesstand stets nach! Stand der Information ist der 15.07.2004. Die Ergebnisse des Vermittlungsverfahrens sowie des Jahressteuergesetzes 2004 sind berücksichtigt. Das Büchlein kann und möchte auch nicht die steuerliche Beratung ersetzen – dazu lauern viel zu viele Fallen im Steuer- und Paragrafendschungel.

Der Praktiker findet eine Reihe von Daten und Tabellen für seinen Alltag. Und wie es die Themenauswahl gebietet, kommt das praktische Rechnen nicht zu kurz – seien es Preiskalkulationen, Investitionsrechnungen oder Finanzbetrachtungen.

In diesem Sinne wünsche ich dem Werk ein gute Aufnahme und Ihnen eine erfolgreiche Zukunft. Dem Deutschen Apotheker Verlag sei an dieser Stelle herzlich für die stets vertrauensvolle und konstruktive Zusammenarbeit gedankt.

Tübingen, Sommer 2004   Dr. Reinhard Herzog

INHALT

1 FINANZEN UND Finanzmathematik

Darum geht es in diesem Kapitel:

√ Vorbemerkungen
√ Zins- und Sparplanrechnungen
√ Darlehensarten
√ Renten

1.1 Vorbemerkungen

Finanzmathematik kann sehr knifflig sein! Je nachdem, welche der zahlreichen Parameter berücksichtigt werden sollen, können die Formeln außerordentlich umfangreich werden. Denken Sie zum Beispiel beim wichtigen Thema Kredite nur an Dinge wie unterschiedliche Auszahlungsbeträge (Agio bzw. Disagio = Aufgeld oder Abschlag, es werden nicht 100 % der Kreditsumme ausbezahlt, sondern selten mehr und meistens weniger), an Bearbeitungs- und Abschlussgebühren, oder an die verschiedenen, zeitlichen Aspekte (Ratenzahlung vorschüssig, d. h. am Anfang des jeweiligen Monats, Quartals oder Jahres, oder nachschüssig, d. h. am Ende, sowie der Zahlungsmodus: monats-, quartals- oder jahresweise).

Sie sollten also unterscheiden:

■ **Überschlägige Rechnungen,** um z. B. zu ermitteln, ob sich eine kreditfinanzierte Investition rechnet oder wie viel Rente Sie aus einem Kapitalstock X in etwa erwarten dürfen; diese Rechnungen können Sie anhand unserer Formeln weiter unten recht leicht selbst leisten.

- **Exakte Vergleichsbetrachtungen**, wichtig insbesondere beim so entscheidenden Thema Kredite. Im Grunde kaufen Sie hier Geld, folglich sollten Sie die Angebote genau studieren. Lassen Sie sich dazu exakte Zahlungspläne mit Zinsen und Tilgungen ausdrucken, sowie alle Nebengebühren aufführen. Dann können Sie Gesamtsummen über die jeweilige Laufzeit bilden und exakt entscheiden, was günstiger ist. Denken Sie aber auch daran, was passiert, wenn die Rückzahlung nicht nach Plan verlaufen sollte.

Wie gesagt – Finanzmathematik ist nicht einfach. Bevor das Thema Kredite behandelt wird, aber zuerst ein paar Anmerkungen dazu, was aus dem Geld, sorgfältig angelegt, einmal werden kann.

1.2   Zins- und Sparplanrechnungen

1.2.1 Zinseszins-Rechnung

Dieser einfache Fall geht davon aus, dass Sie ein Anfangskapital K_0 zu einem gewissen, konstanten Jahreszinssatz p (in %) über eine Anzahl Jahre n anlegen. Dann haben Sie nach dieser Zeit ein Kapital K_n von

$$K_n = K_0 \cdot (1 + \frac{p}{100})^n$$

angehäuft.

1.2.2 Sparplan

Beim klassischen Sparplan sparen Sie einen festen Betrag R je Periode (z. B. monatlich, jährlich) über eine gewisse Laufzeit von n Perioden zu einem Perioden-Zinssatz p (in %) an. Nach dieser Zeit haben Sie, wenn Sie das Geld jeweils am Ende der Periode »nachschüssig« anlegen, ein Endkapital K_n von

$$K_n = 100 \cdot \frac{R \cdot ((1 + \frac{p}{100})^n - 1)}{p}$$

angespart. Beachten Sie, dass Sie den Zinssatz und die Raten auf die jeweilige Periode (z. B. Monat) beziehen; Sie müssen dann ggf. mit dem jahresanteiligen Zinssatz rechnen. Bei monatsweisem Sparen ist das in erster Näherung ein Zwölftel des Jahreszinssatzes (näherungsweise deshalb, weil sich die Zinserträge innerhalb des Jahres ja ebenfalls schon monatsweise weiterverzinsen).

1.2.3 Auf-, Abzinsung

Was sind 10000 Euro noch in zehn Jahren wert, wenn eine Inflationsrate von 2 % jährlich unterstellt wird?
Bei der **Abzinsung** wird ein Betrag x in der Zukunft auf den heutigen Zeitpunkt unter Berücksichtigung einer konstanten Verzinsung p »heruntergerechnet«. Es wird damit der so genannte **Barwert** aus heutiger Sicht ermittelt. Die Formel für den Abzinsungsfaktor F(Ab) (auch als Diskontierungsfaktor bezeichnet) lautet

$$F(Ab) = \frac{1}{(1 + \frac{p}{100})^n}$$

Beispiel:

Welchen Barwert haben 100 000 Euro, die in 20 Jahren z. B. aus einer Lebensversicherung ausgezahlt werden, aus heutiger Sicht, wenn eine Inflationsrate von konstant 2 % unterstellt wird? Nach obiger Formel ergibt sich ein Abzinsungsfaktor von 0,67297, multipliziert mit den 100 000 Euro entspricht das 67 297 Euro. Die 100 000 Euro in 20 Jahren entsprechen heute einer Kaufkraft von 67 297 Euro.

Bei der Aufzinsung wird geschaut, welchen Wert ein Betrag heute nach n Jahren annehmen würde, unter Annahme einer konstanten Verzinsung p. Dies läuft letztlich auf die Zinseszinsformel (s.o.) heraus, der Aufzinsungsfaktor F(Auf) ist der Kehrwert des Abzinsungsfaktors oben:

$$F(Auf) = (1 + \frac{p}{100})^n$$

Beispiel:

Heute leben 6,3 Mrd. Menschen auf der Erde. Wie viele werden es in 50 Jahren sein, bei einer Wachstumsrate von 1,3 % pro Jahr? Lösung: F(Auf) ist etwa 1,9, damit werden es dann etwa 12,0 Mrd. sein.

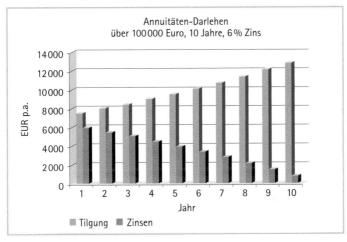

Abb. 1.1: Zins und Tilgung des Annuitätendarlehens

1.3 Darlehensarten

1.3.1 Annuitätendarlehen

Beim klassischen Annuitätendarlehen zahlen Sie den Kredit in konstanten Raten ab. Die Raten setzen sich aus einem Zins- und Tilgungsanteil zusammen. Am Anfang ist der Zinsanteil recht hoch, die Tilgung niedrig. Mit zunehmender Abzahlung des Darlehens, d. h. abnehmender Restschuld, werden die Zinsen niedriger, da sie nur auf diese jeweilige Restschuld zu entrichten sind (s. Abb. 1.1).

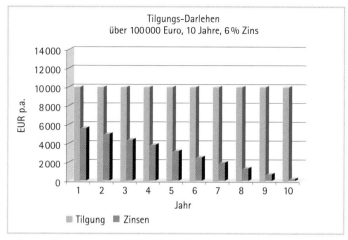

Abb. 1.2: Zins und Tilgung des Tilgungsdarlehens

1.3.2 Abzahlung in fallenden Raten

Bei diesem Modell, auch als Tilgungsdarlehen bezeichnet, bleiben die Tilgungsanteile konstant (die Restschuld wird gleichmäßig vermindert); in der Folge sinken die Zinsbeträge auf die jeweilige Restschuld, und damit sinken die Gesamtraten. Bei diesem Modell werden die geringsten Zinsen über die gesamte Laufzeit hinweg entrichtet (s. Abb. 1.2).

1.3.3 Finanzierung via Lebensversicherung

Hier bleibt die Restschuld über die Laufzeit in voller Höhe bestehen, damit werden konstante Zinszahlungen (solange der Zinssatz konstant bleibt) geleistet. Parallel wird das Kapital in einer Kapi-

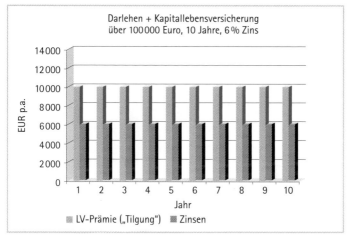

Abb. 1.3: Zins und Tilgung des LV-Darlehens

tal-Lebensversicherung angespart, welches dann am Ende zur Tilgung auf einen Schlag verwendet wird (s. Abb. 1.3). Die Prämien für die Lebensversicherung stellen quasi die vorgelagerten Tilgungen dar und sind daher in aller Regel steuerlich nicht abzugsfähig. Bei diesem Modell werden die höchsten Zinsen entrichtet. Dass es dennoch so beliebt war, liegt darin begründet, dass die Zinserträge der Kapitallebensversicherung (Überschussanteile) steuerfrei anfallen, sofern diese Lebensversicherung mindestens 12 Jahre läuft, mindestens 5 Jahre lang Beiträge entrichtet werden und zudem ein bestimmter Todesfallschutz besteht. Diese steuerliche Bevorzugung enfällt aber zum Januar 2005 (für Neuverträge) weitgehend, so dass dieses Modell uninteressant für die Finanzierung sein dürfte.

Tab. 1.1: Vergleich unterschiedlicher Finanzierungsmodelle

Jahr	Mod. 1: Zinsen	Mod. 1: Tilgung	Mod. 2: Zinsen	Mod. 2: Tilgung	Mod. 3: Zinsen	Mod. 3: Prämie
1	6 000	5 928	6 000	8 333	6 000	8 333
2	5 644	6 283	5 500	8 333	6 000	8 333
3	5 267	6 660	5 000	8 333	6 000	8 333
4	4 867	7 060	4 500	8 333	6 000	8 333
5	4 444	7 484	4 000	8 333	6 000	8 333
6	3 995	7 933	3 500	8 333	6 000	8 333
7	3 519	8 409	3 000	8 333	6 000	8 333
8	3 014	8 913	2 500	8 333	6 000	8 333
9	2 479	9 448	2 000	8 333	6 000	8 333
10	1 912	10 015	1 500	8 333	6 000	8 333
11	1 312	10 616	1 000	8 333	6 000	8 333
12	675	11 253	500	8 333	6 000	8 333
Σ	43 132	100 000	39 000	100 000	72 000	100 000

1.3.4 Vergleich der drei Finanzierungsformen

In Tabelle 1.1 sind die beschriebenen, drei Finanzierungsmodelle beispielhaft gegenübergestellt, für einen Kredit über 100 000 Euro auf 12 Jahre Laufzeit und mit 6 % Zinsen p.a. Zahlung jährlich, nachschüssig. Modell 1 = Annuitätendarlehen, Modell 2 = Tilgungsdarlehen, Modell 3 = LV-Darlehen (Restschuld- und Todesfallabsicherung nicht berücksichtigt). Nach diesem Vergleich schneidet das Modell 2 – Abzahlung in konstanten Tilgungsraten – in Bezug auf die Zinsbelastung am günstigsten ab. Die

Tab. 1.2: Erträge von Kapitallebensversicherungen

	3% Rendite	4% Rendite	5% Rendite	6% Rendite
12 Jahre: Zinsertrag	21 800	30 200	39 300	49 000
Steuervorteil alt*	8 720	12 080	15 720	19 600
15 Jahre: Zinsertrag	27 700	38 800	51 000	64 500
Steuervorteil alt*	11 080	15 520	20 400	25 800
20 Jahre: Zinsertrag	38 400	54 800	73 600	95 000
Steuervorteil alt*	15 360	21 920	29 440	38 000

* Steuervorteil bei 40% Grenzsteuersatz (gesparter Steuerbetrag) für Altverträge bis Ende 2004; für Neuverträge ab 2005 nur noch etwa die Hälfte davon. Individuelle, exakte Rechnung wird in jedem Falle empfohlen.

Tilgungsraten sind zudem gleich bleibend und insoweit langfristig gut einplanbar. Die höchste Zinsbelastung ergibt sich aus der Finanzierung via Kapitallebensversicherung. Das Modell lebte jedoch davon, dass nur hier zusätzlich Zinserträge anfallen, die zudem für Verträge, abgeschlossen bis Ende 2004, noch steuerfrei sind. In der Tabelle 1.2 sind jeweils 100 000 Euro Darlehenssumme unterstellt, die durch Prämien von 8333 Euro p.a. (12 Jahre Laufzeit), 6667 Euro (15 Jahre Laufzeit) und 5000 Euro

(20 Jahre Laufzeit) »angespart« werden. Darüberhinaus entsteht ein bisher noch steuerfreier Zinsertrag (Überschussbeteiligung), wie er in der untenstehenden Tabelle aufgeführt ist; für Verträge ab 2005 ist dieser - bei gleichzeitig strengeren Anforderungen - zur Hälfte zu versteuern, womit sich bei höheren Einkommen die effektive Steuerersparnis in etwa halbieren wird.

Die Nettobelastung nach Steuern (angenommen: 40 % Steuersatz) beträgt 25 880 Euro, 21 600 Euro und 43 200 Euro für die Modelle 1, 2 und 3 unter obigen Beispiel-Prämissen. Doch beim teuersten Modell 3 kommen je nach Rendite noch die oben erwähnten, steuerfreien Zinserträge dazu. Da Sie aber gegenrechnen müssen, dass die von vornherein gesparten Zinsen beim Annuitäten- oder Tilgungsdarlehen ebenfalls gewinnbringend angelegt werden könnten, benötigen Sie schon eine nachhaltige (!) Rendite von etwa 1 bis 1,5 %-Punkten p.a. oberhalb des Zinsniveaus, welches Sie durch eigene Geldanlage nach Steuern erzielen könnten, bevor sich dieses Modell gegenüber dem günstigsten Tilgungsdarlehen (Modell 2) zu rechnen beginnt. Erreichen Sie auf eigene Faust z.B. 3,5 % »netto« nach Abzug aller Steuern, muss die Lebensversicherung mindestens 4,5 % bis 5 % p.a. erbringen. Bei höheren Überschüssen der Versicherung kommt hingegen ein ganz gutes, steuerfreies Plus heraus. Das alles gilt aber nur für Verträge, die bis Ende 2004 abgeschlossen wurden.

Alternativ kann die Lebensversicherung von vornherein niedriger abgeschlossen werden, sodass nur der Darlehensbetrag am Ende der Laufzeit zur Auszahlung ansteht. Es zeigt sich aber auch, dass bereits ein Prozentpunkt mehr oder weniger Rendite erhebliche

Auswirkungen hat. Angesichts momentan deutlich sinkender Verzinsungen bei den Lebensversicherungen kann dies böse Überraschungen bedeuten.

1.3.5 Sondermodelle

Daneben gibt es noch davon abweichende Modelle mit unterschiedlichen Zins- und Tilgungsmodalitäten. Beispiele sind die diversen Existenzgründerdarlehen (z. B. KfW- und DtA-Kredite, www.kfw.de und www.dta.de), die teilweise mit Zinsstaffeln und besonderen Tilgungsbedingungen ausgestattet sind. Hier kann nur auf die detaillierten Abzahlungspläne verwiesen werden, um eine Vergleichsmöglichkeit zu haben.

1.3.6 Steuerliche Auswirkungen

Tilgungen sind auch bei betrieblichen Darlehen grundsätzlich aus dem Nettoeinkommen zu bestreiten; steuerlich stehen ggf. die Abschreibungen aus den finanzierten Wirtschaftsgütern dagegen. Die Zinsbelastungen sind als Betriebsausgaben absetzbar.
Wie erwähnt, ist das Steuerprivileg der Lebensversicherungen empfindlich gekappt worden. Da die Verträge künftig frühestens ab dem 60. Lebensjahr ausgezahlt werden dürfen bei weiterhin mindestens 12 Jahren Laufzeit, um wenigstens nur die hälftige Besteuerung (= halber Zinsgewinn als Grundlage des „Halbeinkünfte-Verfahrens" ohne weitere Erleichterungen nach derzeitigem Stand) zu erlangen, muss diese Finanzierungsvariante in den meisten Fällen als unattraktiv gelten. Dies vor allem vor dem Hintergrund der momentanen Ertragssituation der Versicherer.

Die LV-Variante weist sowieso schon die höchste Brutto-Zinsbe-lastung auf, die jetzt durch die zwangsweise Streckung bis zum 60. Lebensjahr je nach Lebensjahr bei der Kreditaufnahme nun in indiskutable Größenordungen steigen wird. Damit wird das klassische Annuitäten- oder Tilgungsdarlehen wieder erste Wahl.

1.3.7 Begriffe und Feinheiten

Ein Agio bzw. Disagio bezeichnet Zu- bzw. Abschläge bei der Aus-zahlung von der nominalen Kreditsumme. Ein Disagio von 4 % bei 100 000 Euro Kreditsumme bedeutet, dass Sie nur 96 % (96 000 Euro) ausgezahlt bekommen, jedoch 100 000 Euro regulär ab-tragen. Das kann den nominalen Zinssatz durch einen entspre-chenden Zinsausgleich niedriger erscheinen lassen (nicht aber den effektiven, im Gegenteil!). Das Disagio lässt sich ggf. steuerlich im Jahr der Entstehung geltend machen und hat insoweit mögli-cherweise Vorteile (→ Steuerberater!).

So nimmt der Effektivzins p_{eff} durch ein Disagio gegenüber dem nominalen Zinssatz p ohne Zinsausgleich in etwa zu:

$$p_{eff} = (p + \frac{Disagio}{Laufzeit}) \cdot \frac{100}{Auszahlung}$$

Das Disagio wird in Prozent eingesetzt (z. B. 5 %), die Auszahlung ebenfalls in % (dann z. B. 95 %).

Bearbeitungsgebühren (durchaus 1% bis 3% der Kreditsumme) sind absolut oft recht beachtlich; je länger der Kredit läuft, umso mehr relativieren sich diese Kosten im Vergleich zu den anfallenden Zinsen.

Eine **Vorfälligkeitsentschädigung** kann bei vorzeitiger Tilgung des Kredites fällig werden und z.B. eine Umschuldung auf einen zinsgünstigeres Darlehen unrentabel machen. Deshalb ist es ratsam, sich ein vorzeitiges Tilgungsrecht einräumen zu lassen.

Bereitstellungszinsen fallen an, wenn der Kredit nicht zum vereinbarten Termin abgerufen wird, **Teilzahlungszuschläge**, wenn der Kredit in nicht vorher vereinbarten Teilraten abgefordert wird.

Die **Zinsbindungsfrist** bezeichnet die Frist, während der der Zinssatz garantiert wird. Üblich sind 5 bis 10 Jahre, teilweise auch 15 Jahre. Längere Sicherheit kostet mehr Geld, wobei der Aufschlag auch von der momentanen Zinssituation abhängt, d.h. ob sich die Wirtschaft in einer Phase fallender oder steigender Zinsen befindet. Es ist eine mathematische Rechnung, ob sich ein Aufschlag von z.B. 0,75%-Punkten für 5 Jahre zusätzliche Sicherheit rechnet, bzw. wie weit die Zinsen steigen müssten, um diesen sich die ganzen Jahre hindurchziehenden Zinsnachteil zu überwiegen (diese Vergleichsrechnungen können die Bankberater mit ihren EDV-Programmen leicht anstellen).

Unterschiedliche **Tilgungsvereinbarungen** können Ihnen z.B. bei einer Neugründung **tilgungsfreie Anfangsjahre** (in der Regel ein bis drei) einräumen, dadurch verbessert sich Ihre Liquidität in der schwierigen Startphase. Im Falle von späteren Zahlungsschwierigkeiten können ebenfalls Tilgungsaussetzungen gewährt werden, eine weitere Alternative besteht in der Streckung der Kreditlaufzeit. Dies setzt entsprechende Verhandlungen mit der Bank voraus, denn es gilt primär der einmal abgeschlossene **Kreditvertrag**.

Tipps für die Praxis:

Kreditvertrag

Stets wird ein regelrechter Kreditvertrag abgeschlossen. Lesen Sie diesen genau! Achten Sie neben den wichtigen Zahlen (Zins etc.) insbesondere auf die versteckten Bedingungen: Was passiert, wenn der Kredit einmal nicht bedient werden kann? Wie sieht der Zugriff auf die Sicherheiten aus? Wer haftet noch für den Kredit mit (in jedem Falle alle, die mit unterschrieben haben)?

1.3.8 Lang oder kurz finanzieren?

Die Rückzahlung strecken oder möglichst rasch tilgen?
Die Vorteile der raschen Kreditrückzahlung:

- niedrigste Zinsbelastung,
- geringeres Risiko, von Zinserhöhungen überrascht zu werden,
- höhere Beweglichkeit und Unabhängigkeit in kürzerer Zeit zu erreichen,
- das gute Gefühl, bald schuldenfrei zu sein.

Tipps für die Praxis:

Rückzahlung von Krediten
Berücksichtigen Sie bei allen Kreditgeschäften Ihre persönliche »Lebensuhr« und Ihre Zielvorstellungen. Bei einer Landapotheke sieht die Zeitskala u.U. anders aus als für eine schnelllebigere Center-Apotheke. Nennenswerte Verbindlichkeiten in das Rentenalter mit hinüber zu nehmen, sollte hingegen ein absolutes »No« sein – von seltenen, speziellen Konstellationen abgesehen.

Nachteile rascher Kreditabtragung:

- hohe Liquiditätsbelastung, vor allem durch die Tilgungen,
- möglicherweise sind die Tilgungen weit höher als die Abschreibungen,
- der parallele Aufbau von ggf. lukrativer rentierlichem Privatvermögen ist erschwert, private Wünsche wie z.B. der Hausbau müssen zurückstehen,
- geringere wirtschaftliche Robustheit: Rückgänge im Betriebsergebnis führen schnell zu Engpässen; Nach- und Umfinanzierungen können dann möglicherweise recht teuer werden,
- gewisse Kreditmodelle wie z.B. die Finanzierung über eine Lebensversicherung scheiden u.U. aus.

Für lange Kreditlaufzeiten gelten obige Argumente komplementär.

1.3.9 Effektiver Jahreszins

Zur besseren Vergleichbarkeit wurde schon vor vielen Jahren der Begriff des **effektiven Jahreszinses** (bzw. anfänglichen, effektiven Jahreszins, wenn sich die Bedingungen während der Kreditlaufzeit ändern können) eingeführt. Details zu seiner Ermittlung sind in der Preisangaben-Verordnung (PAngV) zu finden. Die Errechnung erfolgt über ein relativ kompliziertes, iteratives Verfahren und setzt ein entsprechendes Programm voraus.

In die Berechnung des effektiven Jahreszinses fließen unterschiedliche Zahlungsmodalitäten, Kosten und Bearbeitungsgebühren mit ein. Es gehen jedoch **nicht** mit ein:

▓ Kosten, die bei Nichterfüllung des Kreditvertrages seitens des Kreditnehmers entstehen (das können u. a. auch sein: Bereitstellungszinsen, wenn ein Kredit mit Verzögerung oder in Teilbeträgen abgerufen wird, entsprechende Teilauszahlungszuschläge, Nichtabnahmegebühren, wenn der Kredit nicht abgerufen wird u. a. m.)

Tipps für die Praxis:

Internetlinks
Über Suchmaschinen (z. B. www.google.de) im Internet und den Stichwörtern Kreditrechner, Tilgungsplan, Finanzlexikon und Finanzportal erhalten Sie eine ganze Reihe an interessanten online-Angeboten. Brauchbare, erste Anlaufstellen sind Adressen wie www.kfw.de oder www.einsurance.de.

- Kosten, die unabhängig davon, ob kreditfinanziert oder bar bezahlt, sowieso entstehen,
- Überweisungs- und Kontoführungsgebühren,
- Kosten für Versicherungen und Sicherheiten (es sei denn, der Kreditgeber schreibt zwingend eine Restschuldversicherung maximal in Höhe des Kredites plus der Zinslast vor),
- Schätz- und Gutachtergebühren.

1.3.10 Näherungsformeln für Kapitalkosten

Für ein Annuitätendarlehen (Kreditsumme K, Abzahlung in konstanten Jahresraten R_i) lässt sich diese jährliche Belastung R_i bei einem Jahreszinssatz von p% und einer Laufzeit von n Jahren näherungsweise grob wie folgt bestimmen:

$$R_i = \frac{K}{n} + F \cdot \frac{p}{100} \cdot K$$

Der Faktor F nimmt bei mittleren Laufzeiten von etwa 5 bis 20 Jahren Werte von etwa 0,6 bis 0,7 an – etwas höher bei hohen Zinsen, niedriger bei geringen Zinssätzen. Mit F = 0,67 (zwei Drittel) liegen Sie meist auf der sicheren Seite, die Zinsanteile werden dann in aller Regel etwas zu hoch ausgewiesen.

K/n ist somit der durchschnittliche Tilgungsanteil, der zweite Teil der Formel der durchschnittliche Zinsanteil. In realiter variieren diese bekanntlich, siehe weiter oben.

Beispiel:

Kreditsumme 100 000 Euro auf 10 Jahre bei 6 % Zins: Jahresrate
= 100 000/10 + 2/3 x 6 %/100 x 100 000 = 14 000 Euro p.a.

Die exakte, aber etwas kompliziertere Formel lautet:

$$R_i = \frac{K \cdot p \cdot r^n}{100 \cdot (r^n - 1)}$$

mit
$$r = 1 + \frac{p}{100}$$

Diese Formel liefert die Annuität des obigen Beispiels zu
13 586,80 Euro p.a.

Am Ende des k-ten Jahres sitzen Sie noch auf einer Restschuld S_K
von

$$S_K = K - T_1 \cdot \frac{r^k - 1}{r - 1}$$

wobei T_1 die Tilgung im ersten Jahr darstellt und sich nach

$$T_1 = K \cdot \frac{r - 1}{r^n - 1}$$

errechnet. Die Symbolik ist ansonsten wie oben.

Ein Tilgungsdarlehen (Kreditsumme K) erfordert im i-ten Jahr bei einer Laufzeit von n Jahren und p% Jahreszins etwa folgende Jahresrate Ri (die Tilgungen und Zinszahlungen erfolgen – vereinfacht – nachschüssig am Jahresende):

$$R_i = \frac{K}{n} + (p - \frac{i-1}{n} \cdot p) \cdot \frac{K}{100}$$

Beispiel:

Kreditsumme 100 000 Euro, Zinssatz 6%, Laufzeit 10 Jahre; gefragt: Belastung im 5. Jahr; Lösung: 10 000 Euro Tilgung plus 3 600 Euro Zinsen = 13 600 Euro p.a.

Die Gesamtbelastung GB über die Laufzeit – Zins und Tilgung – liegt bei:

$$GB = \frac{K+T}{200} \cdot p \cdot n + K$$

Wobei T die jährliche Tilgung (= Kreditbetrag durch Laufzeit) ist. Die gesamte Zinsbelastung ist die Differenz GB – K.

Bei einem LV-Darlehen (Symbole wie oben) setzt sich die jährliche Belastung wie folgt zusammen:

$$R_i = \frac{K}{n} + \frac{p}{100} \cdot K$$

Damit setzt sich die Rate aus der Versicherungsprämie (= spätere »Tilgung«) und dem konstanten Zinsanteil zusammen. Nicht berücksichtigt sind Aufwendungen für eine Todesfall- und Risikoabsicherung sowie Abschlussgebühren etc. Der Überschussanteil (Zinsertrag) der Kapitallebensversicherung fällt zusätzlich an.

Beispiel:

> Für obige Kreditbedingungen ergibt sich eine Jahresbelastung von 16000 Euro (10000 Euro Prämie plus 6000 Euro Zinsen).

Unterjährige Rechnung

Beginnen die Kredite nicht exakt zum Jahresbeginn, sind unterjährige Rechnungen erforderlich. Als erster Anhaltswert können die oben ermittelten Jahresraten linear zeitanteilig heruntergerechnet werden. Beginnt also der Kredit am 1. Mai, beträgt die Belastung für das restliche Jahr (8 Restmonate) in etwa 8/12 der oben errechneten Jahresraten.

Alle diese Formeln liefern erste Näherungswerte. Die exakten Tilgungs- und Zinslasten sollten in jedem Falle durch einen detaillierten Zahlungsplan (erstellt durch die jeweilige Bank) aufgeschlüsselt werden.

Tipps für die Praxis:

Zahlungsmodalitäten

Es macht im Übrigen in absoluten Beträgen über die Gesamtlaufzeit gerechnet recht viel aus, wie die Zahlungsmodalitäten ausgestaltet sind: Wird monatlich, quartalsweise oder jahresweise bezahlt? Erfolgt die Zahlung zu Beginn der jeweiligen Zahlungsperiode (vorschüssig) oder am Ende (nachschüssig)? Wann erfolgt die Wertstellung bei der Bank nach Ihrer Überweisung? Dies sollten Sie ebenfalls vergleichen.

1.4 Renten

Welche Rente erbringt ein gewisses Kapital, oder welchen Geldbetrag benötigen Sie, um daraus über einen gewissen Zeitraum eine konstante Rente beziehen zu können? Dies lässt sich zumindest für die hier betrachteten, einfacheren Fälle relativ unkompliziert errechnen.

1.4.1 Ewige Rente

Bei der ewigen Rente bleibt das Kapital nominal erhalten, es werden also nur die Zinsen zur Rentenzahlung herangezogen. Bei einem Kapital K und einem Zinssatz von jährlich p% ist das eine jährliche Rente R von:

$$R = K \cdot \frac{p}{100}$$

Hierbei bleibt das Kapital aber nur nominal erhalten. Soll das Geld inflationsbereinigt erhalten bleiben, darf nur der die Inflationsrate i (in %) übersteigende Prozentsatz ausgezahlt werden:

$$R = K \cdot \frac{(p - i)}{100}$$

Muss die Rente jedoch noch mit einem Steuersatz s (in %) versteuert werden (das Finanzamt interessiert sich leider nicht für die Inflation), dürfen effektiv netto, ohne das Kapital anzutasten oder der Inflation anheim fallen zu lassen, nur entnommen werden:

$$R = K \cdot \frac{p}{100} \cdot (1 - \frac{s}{100}) - K \cdot \frac{i}{100}$$

Beispiel:

Ein Kapital von 500 000 Euro wird zu 6 % nachhaltig angelegt. Die Inflationsrate betrage 2 %, der Steuersatz 30 %. Welche Rentenzahlungen sind dauerhaft (ewig) möglich?

Lösung: Unter nominalem Kapitalerhalt sind es 30 000 Euro vor Steuern, 21 000 Euro versteuert. Unter Einrechnung der Inflationsrate sind es nur noch 11 000 Euro, die von den 21 000 versteuerten Euro entnommen werden dürfen; 2 % entsprechend 10 000 Euro müssen aus versteuertem Geld (!) zurückbehalten werden, um den Geldwert zu sichern.

1.4.2 Rente unter Kapitalverbrauch

Bei diesem Modell wird das Kapital K über einen gewissen, vorbestimmten Zeitraum von n Jahren vollständig aufgebraucht, wiederum bei einem Zinssatz von p%. Das läuft letztlich auf eine ähnliche Rechnung wie bei einem Annuitätendarlehen hinaus. Die jährliche Rente R, die nachschüssig am jeweiligen Jahresende gezahlt werden soll, ergibt sich zu:

$$R = K \cdot \frac{(1 + \frac{p}{100})^n \cdot \frac{p}{100}}{(1 + \frac{p}{100})^n - 1}$$

Beispiel:

Bei 500 000 Euro Kapital, 6 % Zins pro Jahr und 20 Jahren Laufzeit können etwa 43 592 Euro p.a. vor Steuern entnommen werden; dann ist das Geld weg.

1.4.3 Unterjährige Renten

Bisher wurde die jährliche, nachschüssige Rentenentnahme R vorausgesetzt. Diese lässt sich jedoch auch in eine monatliche Rente R_M zum jeweiligen Monatsende umrechnen (jährlicher Zins p in %):

$$R_M = \frac{R}{12 + \frac{11 \cdot p}{200}}$$

1.4.4 Sonderfälle

Wesentlich komplizierter werden die Rechnungen, wenn nicht eine konstante Rente ausbezahlt wird, sondern diese dynamisiert werden soll, also z. B. zum Inflationsausgleich Jahr für Jahr um einen gewissen Prozentsatz angepasst wird. Damit verkürzt sich die Bezugsdauer; vor allem bei langen Betrachtungszeiträumen macht sich der Zinseszinseffekt deutlich bemerkbar. Näherungsweise können solche Fälle gelöst werden, indem eine Tabelle mit den einzelnen Jahreszahlungen erstellt wird, beginnend mit dem Jahr 1, und die Rentenzahlung in einen Anteil des Zinsertrages und des Kapitalverzehrs (analog der Tilgung bei Darlehen) unterteilt wird. Jahr für Jahr werden dann die entsprechenden Dynamisierungszuschläge gemacht, die vom Kapital abgehen und im Folgejahr nicht mehr verzinst werden.

1.4.5 Rententabelle

Nachfolgend finden Sie den Kapitalwert von lebenslangen Renten tabelliert, so wie es der Gesetzgeber im Bewertungsgesetz (§ 13 BewG) bislang vorsieht. Angegeben ist der Kapitalwert für 100 Euro Jahresrente, unterstellt werden 5,5 % Zins p. a. Renten sind mit dem Ertragsanteil zu versteuern; je nachdem, ob es sich um gesetzliche Renten handelt (dazu zählt auch die Apothekerversorgung), oder um private Rentenverträge, gelten unterschiedliche Ertragsanteile. Gesetzliche Renten werden ab 2005 zu 50 % besteuert, jedes Jahr steigt dieser Wert um 2 %-Punkte an, um dann im Jahr 2040 bei 100 %, sprich voller Steuerpflicht, zu enden (Übergang zur »nachgelagerten Besteuerung«).

Privatrenten werden, je nach Lebensalter, teilweise wesentlich niedriger besteuert.

Näheres zu dieser komplizierten Materie z.B. unter www.bfa.de, www.lva.de, www.vdr.de, www.bundesfinanzministerium.de.

Beispiel:

Für 10 000 Euro Jahresrente eines 65-jährigen Mannes wäre ein einmaliges Kapital von 90 190 Euro erforderlich.

Tab. 1.3: Kapitalwert von lebenslangen Renten

Alter	Kapitalwert für 100 Euro Jahresrente, in Euro	
	Männer	Frauen
20	1750,10	1761,60
30	1630,60	1695,60
40	1494,50	1590,20
45	1403,00	1518,60
50	1296,10	1431,60
55	1175,90	1327,10
60	1044,80	1203,40
65	901,90	1060,10
70	751,10	899,00
75	602,00	727,10
80	469,30	562,20
85	360,30	421,00

Personalkosten stellen in so gut wie allen Betrieben den mit Abstand größten Kostenblock dar. Deshalb kommt es darauf an, diese Kosten anhand einiger Faustregeln gut abschätzen zu können, um sofort zu entscheiden, welche Tätigkeiten sich lohnen (z.B. Retouren, Warenlagerpflege, Strukturierung des HV-Bereiches), und welche schon alleine die Personalkosten nicht wieder einspielen.

Darum geht es in diesem Kapitel:
- √ Personal-Gesamtkosten
- √ Spezifische Personalkosten und Stundensätze
- √ Leistungsspezifische Personalkosten

2.1 Personal-Gesamtkosten

Die effektiv in Geld anfallenden Gesamtkosten eines Mitarbeiters pro Jahr setzen sich vorderhand aus dem Bruttogehalt mal der Anzahl der gezahlten Gehälter zuzüglich der Arbeitgeberanteile zur Sozialversicherung zusammen. Dazu kommen noch Beiträge zur Berufsgenossenschaft, die Umlage U1/U2 der Krankenkassen (Kranken-, Mutterschaftsgeldabsicherung für Kleinbetriebe), die arbeitsmedizinische Betreuung, und auch verpflichtende Arbeitsmittel wie Arbeitskittel etc., um die wichtigsten Punkte zu nennen. Individuell verschieden treten ggf. freiwillige Leistungen hinzu (Fahrgelderstattung, Essenszuschuss, Prämien aller Art, zusätzliche Altersvorsorge usw.). Bereits der Pflichtanteil macht etwa 25 % des Bruttogehaltes auf Seiten des Arbeitgebers aus, minimal sind allenfalls etwa 22 % erreichbar (günstige Krankenkasse, geringe Umlage, keine sonstigen Leistungen). Erst mit hohen Gehältern oberhalb der Beitragsbemessungsgrenzen sinkt dieser relative Prozentsatz ab, da die Beiträge dann konstant bleiben. Für die weit überwiegende Zahl der Mitarbeiter ist dies aber irrelevant. Damit ergeben sich folgende Faustregeln:

- Gesamtkosten pro jeweiligem Monat = Bruttogehalt x 1,25
- Gesamtkosten pro Jahr = Bruttogehalt x 16

bei 13 Monatsgehältern im Jahr.

Diese Regeln gelten – ohne freiwillige Leistungen – auf wenige Prozent genau und eignen sich für überschlägige Berechnungen sehr gut.

2.2 Spezifische Personalkosten und Stundensätze

Letztlich interessieren Sie jedoch die spezifischen Kosten weit mehr: Was kostet mich eine Stunde des jeweiligen Mitarbeiters? Hierzu benötigen Sie neben den Gesamtkosten (s. o.) die geleistete Arbeitszeit. Erfassen Sie diese mitarbeitergenau, können Sie die Summe an Arbeitsstunden pro Jahr bilden und haben damit die jeweiligen effektiven Gesamtkosten pro Stunde (= Gesamtkosten p.a./Arbeitsstunden p.a.). Alternativ lassen sich die Stunden nach folgendem Schema überschlagsweise herunterrechnen, hier für eine Vollzeitstelle:

38,5 Wochenstunden x 52 Wochen
    = theoret. Arbeitszeit = 2 002 Std.
abzüglich Feiertage (statistisch rund 10 Tage)
    = ca. 78 Std.
abzüglich Urlaub (ca. 5,75 Wochen)
    = ca. 220 Std.
abzüglich Krankheitstage (statistisch ca. 10 Tage)
    = ca. 78 Std.
abzüglich ggf. Fort-/Weiterbildung (hier unberücksichtigt)
    = (--)

---

verbleiben effektive Arbeitszeit jährlich:
    = ca. 1 625 Std.

Teilzeitkräfte sind anteilig auf die reguläre Tarifarbeitszeit (zzt. 38,5 Wochenstunden, sofern nicht individuell abweichend vereinbart) zu berechnen, die Werte für eine 20-Wochenstunden-Kraft sind also mit dem Faktor 20/38,5 zu multiplizieren. Je nach Lage der Feiertage sowie den individuellen Fehlzeiten sind Abweichungen möglich.

Beispielhaft sind für eine Reihe von Gehältern einmal die tatsächlichen Stundenkosten kalkuliert worden, darüber hinaus sind diese sogar auf Minuten heruntergerechnet worden (s. Tab. 2.1). Dabei wurde von obigen 1 625 Jahresarbeitsstunden ausgegangen, bei 13 Gehältern und einem Lohnnebenkostenanteil von 25 %.

Tab. 2.1: Beispielhafte Kalkulation der Lohnkosten pro Stunde bzw. Minute

Gehalt mtl. in Euro	Lohnkosten effektiv	
	Euro/Std.	Cent/Min.
1 000,00	10,00	16,7
1 500,00	15,00	25,0
2 000,00	20,00	33,3
2 500,00	25,00	41,7
3 000,00	30,00	50,0
3 500,00	35,00	58,3
4 000,00	40,00	66,7

Eine Helferin (PKA) bedeutet Kosten um die 15 Euro pro Stunde, eine PTA kommt bereits schnell an die 20 Euro heran oder gar darüber hinaus. Approbierte gehen meist über die 30 Euro-Grenze hinaus. Pro Minute sind deshalb schon bei niedrig qualifizierten Tätigkeiten 20 bis 30 Cent anzusetzen, bei höher wertigen schnell 50 Cent und mehr. 10 Minuten Päckchenpacken (was sind schon 10 Minuten?) sind in jedem Falle etliche Euro Personalkosten. Allenfalls Lehrlinge sind deutlich billiger, doch aufgepasst: Die effektiven Arbeitszeiten im Betrieb sind weit geringer, das relativiert den scheinbaren Vorteil deutlich.

Tipps für die Praxis:

Arbeitszeiten
Sehen Sie die Minutenkosten als sportlichen Anreiz und hinterfragen Sie so manche Tätigkeit in Ihrem Betrieb, die man »eben schon immer so gemacht hat«. Welcher Gewinn steht wirklich dagegen?

2.3 Leistungsspezifische Personalkosten

Obige Kosten sagen nichts über die Leistung, die dahinter steht. Bei aller Problematik der Leistungsbeurteilung gibt es doch einige, leicht objektivierbare Kennzahlen, die Ihnen zeigen, ob Ihr Personaleinsatz effektiv oder eher uneffektiv ist.

Die bekannteste Zahl ist der Gesamtpersonalkostensatz in Umsatzprozent. Die Durchschnittsapotheke bewegt sich in einem Korridor von etwa 9 % bis 12 %. Spitzenreiter schaffen 7 % oder weniger, auf der anderen Seite gibt es Sätze von 14 % oder mehr.

Aussagekräftiger ist hingegen der **Personalkostensatz je Packungseinheit.** Es ist ja nicht egal, ob Sie etwa 75 000 Packungen (nur Arzneimittel, ohne Randsortiment und Hilfsmittel) abgeben, 100 000 Packungen in einer Center-Apotheke oder nur 60 000 Arzneimittel in einem Ärztehaus – bei gleichem Umsatz wohlgemerkt!

$$\text{Personalkostensatz je Pckg.} = \frac{\text{Gesamtpersonalkosten p.a.}}{\text{Packungszahl p.a.}}$$

Durchschnittswert: ca. 1,80 bis 2,00 Euro

Die am einfachsten zu ermittelnde und aussagekräftigste Bezugsgröße ist die Zahl der Arzneimittelpackungen (nach Arzneimittel-Kennzeichen im Stammsatz via Apothekenrechner selektieren!). Hierzu existieren aussagekräftige Vergleichszahlen, z.B. von der ABDA bzw. der IMS Health in Frankfurt (www.ims-health.de;

Durchschnittswerte siehe im Tabellenanhang). Das Randsortiment ist weniger aussagekräftig und kann – man denke an Brausetabletten, Hustenbonbons, Zahnbürsten usw. – die Packungszahlen überproportional nach oben treiben, ohne dass dem größere Beratungsleistungen entgegenstehen. Auch die Handlingkosten sind eher geringer (Schütten, Massenware). Wer dennoch seine gesamten Packungseinheiten berücksichtigen möchte, der achte auf eine entsprechende Vergleichsbasis z.B. im Rahmen einer Erfa-Gruppe.

Ergänzend dazu ist der Zeitaufwand je Packungseinheit zu betrachten (achten Sie wieder auf die richtige Bezugsgröße – Arzneimittel bzw. alle Waren). Auch hier werden Sie möglicherweise überrascht sein, wie hoch dieser Wert ist:

$$\text{Zeitaufwand je Pckg.} = \frac{\text{gesamte Arbeitsstunden p.a.}}{\text{Packungszahl p.a.}}$$

Durchschnittswert: ca. 6 bis 7 Minuten (Basis: Arzneimittelpackungen).

3 WARENLAGER

Darum geht es in diesem Kapitel
√ Zielrichtungen
√ Kennzahlen
√ Top-Seller- und ABC-Analyse
√ Warenlager und Wareneinsatz
√ Warenlager und Kombimodell
√ Erfolgsfaktor Packungswertverteilung

3.1   Vorbemerkungen

Im Warenlager steckt eine Menge Geld, im Schnitt rund 7% bis 8% des Umsatzes. Angesichts von gut 200000 Artikeln, die im Stammdatensatz verzeichnet sind (einschließlich Verbandstoffen und Medicalprodukten, einen großen Teil machen übrigens Homöopathika aus!), ist die Lagerhaltung stets ein Balanceakt zwischen Lieferfähigkeit und Kapital- sowie Personalressourcenbindung. Die Krux des Pareto-Prinzips findet hier wieder seine Bestätigung: Mit 20% der Artikelpositionen machen Sie 80% des Umsatzes (dieses Verhältnis ist in manchen Apotheken noch wesentlich extremer!). Dummerweise können Sie es sich nicht leisten, auf diese restlichen 20% Umsatz zu verzichten (dazu hat jeder einzelne Kunde im Laufe des Jahres zuviele unterschiedliche Wünsche), es würde nicht bei den 20% bleiben; Discounter wie

Aldi hingegen haben diese Sortimentsbeschränkung auf 500 bis 1000 Artikel zum rentierlichen Prinzip erhoben. Was die Zahl unterschiedlicher Artikel angeht, ist Deutschland übrigens, wie bei der Zahl der Steuergesetze, mal wieder unrühmlicher Weltmeister.

Die perfekte Warenlagerhaltung gibt es nicht; sie ist stets ein Kompromiss zwischen den Wünschen der Kunden und den eigenen Ressourcen; dabei sind nicht nur die Kapitalbindung und der Zinsaufwand zu sehen, sondern ebenso der personelle Aufwand, der mit steigenden Artikelzahlen zunimmt, die Platzfrage und natürlich das Verfallsrisiko. Das illustriert folgendes Spannungsdreieck (s. Abb. 3.1)

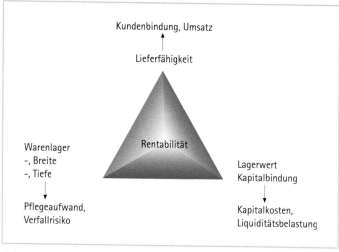

Abb. 3.1: Einflussfaktoren auf die Warenlagerhaltung

Die Apothekenrechner bieten eine ungeheure Vielfalt an Auswertemöglichkeiten an, auf die hier hingewiesen sei. Für einen Schnell-Check, ob Sie sich in einem sinnvollen Bereich befinden, eignen sich die weiter unten beschriebenen Kennziffern.

3.2   Zielrichtungen

Nüchternes Management by objectives ist angesagt – doch die Richtung muss klar sein. Zwei grundsätzliche Richtungen können unterschieden werden:

- Maximierung der Kapitalrendite,
- Maximierung der Lieferfähigkeit.

Zur **Maximierung der Kapitalrendite** eignen sich folgende Maßnahmen:

- Reduzierung des Warenlagers soweit wie möglich,
- Konzentration auf Schnelldreher,
- damit Maximierung der Lagerdrehzahl,
- optimale Bezugskonditionen (durch Konzentration auf wenige Artikel besser erreichbar),
- Optimierung der dahinter stehenden Logistik und Warenbewirtschaftung.

Diese Prinzipien herrschen bei Discountern vor; in der Apotheke ist dies nur eingeschränkt in ganzer Konsequenz möglich.

Die **Maximierung der Lieferfähigkeit** ergibt sich durch eine möglichst intelligente Erfassung des Nachfrageverhaltens und die

Tab. 3.1: Verhältnis zwischen Artikelvielfalt und Lieferfähigkeit

Mit sovielen Artikeln...	decken Sie ...% der Nachfrage ab:
Die ersten 1000	50 %
2000	75 %
3000	90 %
4000	94 %
5000	96 %
7500	97 %
10 000	98 %

entsprechende Ausrichtung des Warenlagers. Das ist oft mit einer Ausweitung verbunden. Die heutige Artikelvielfalt (s. o.) begrenzt dieses hehre Ziel jedoch sehr schnell: Niemand kann auch nur annähernd den gesamten Artikelstamm auf Lager halten. Das zeigt Tabelle 3.1, die lediglich beispielhaft zu sehen ist.

Sie sehen in der Tabelle deutlich, dass Sie selbst mit einer extremen Ausweitung des Warenlagers nur noch relativ wenig erreichen können, der Flaschenhals zieht sich zu.

Der somit erforderliche **Kompromiss aus Kapitalrendite und Lieferfähigkeit** ergibt sich nun folgendermaßen:

Durch Reduzierung der **Lagertiefe** (absolute Anzahl der Mehrfachpositionen und die jeweilige Menge pro Position), im Klartext: Statt zehn Packungen einer Position nur noch fünf oder drei an Lager nehmen, dafür öfter bestellen.
Zielkonflikt: Rabattverluste, Bestell- und Handlingaufwand.

Die Beibehaltung der **Lagerbreite** (Zahl der Artikelpositionen) und intelligente, bedarfsgesteuerte Ausweitung bzw. Anpassung ist erforderlich: Konsequente Nachfrageerfassung, auch und gerade der nicht getätigten Käufe (Neinverkäufe) und zeitnahe Reaktion auf verändertes Nachfrageverhalten (Novitätenlager, auf Probe herlegen); Erlangung guter Retourenkonditionen ohne Abzug (die mit Verhandlungsgeschick bis über ein Jahr hinausreichen können!); geschicktes Anlegen einer Langsamdreher-Schwelle, ab der ausgemustert bzw. retourniert wird, z. B. alles, was 6 Monate (9 Monate, 12 Monate) nicht mehr gegangen ist.

Achtung: Eine zu niedrige Schwelle (z. B. 3 oder 4 Monate) reduziert innerhalb kürzester Zeit Ihre Lieferfähigkeit auf geschäftsschädigende Weise! Diese Schwelle ist mit Bedacht zu wählen; etwa 9 Monate plus/minus 3 Monate sind ein guter Näherungswert. Der Apothekenrechner gestattet das Pflegen dieser Schwellen, lassen Sie sich von Ihrem Anwendungsberater sensibilisieren. Geben Sie Acht auf Saisonware (z. B. Grippe-, Heuschnupfenmittel), die in der nächsten Saison mit Sicherheit noch Absatz finden, hier können möglicherweise unerwünschte Retournierungen ausgelöst werden, sowie auf teure Ware (Kombimodell).

3.3   Kennzahlen

3.3.1 Lagerdrehzahl

Diese recht einfache und grobe Ziffer eignet sich zur überschlägigen Beurteilung, ob sich das Lager genügend schnell umschlägt. Einzusetzen sind jeweils Nettowerte ohne Mehrwertsteuer.

$$\text{Lagerdrehzahl} = \frac{\text{Wareneinsatz}}{\text{Warenlagerwert}}$$

Wünschenswert: möglichst hohe Werte; guter Mittelwert: ca. 7,5 bis 9; Spitzenwerte: größer 10

3.3.2 Lagerwert in Umsatz-%

Da sich der Wareneinsatz (bzw. der Rohgewinnsatz) von Apotheke zu Apotheke nicht um Größenordnungen unterscheidet, kann als erster Anhaltswert der Lagerwert in Prozent vom Nettoumsatz angegeben werden.

Wünschenswert: möglichst niedrige Werte; Anhaltswert: unter 10%; Spitzenwerte: unter 5% (meist nur in besonderen Lagen – Landapotheken! – ohne zu großem Verlust an Lieferfähigkeit erzielbar).

3.3.3 Lieferfähigkeit

Hier ist zu unterscheiden:
- Lieferfähigkeit, kundenbezogen: wie viel % der Kunden können ohne Nachlieferung sofort vollständig bedient werden,
- Lieferfähigkeit, packungsbezogen: wie viel % der Packungen bezogen auf den Gesamtabsatz werden nachgeliefert und – oft nicht exakt erfasst – wie viele Packungen wurden gar nicht erst verkauft, aber nachgefragt (Neinverkäufe).

Die prozentuale, kundenbezogene Lieferfähigkeit ist stets geringer als die packungsbezogene – schließlich erwirbt der durchschnittliche Kunde mehr als eine Packung pro Besuch, damit steigt die Wahrscheinlichkeit eines »Defektes« (allein auf Rezept werden etwa 1,5 bis 1,6 Packungen verordnet, dazu treten die OTC- und Freiwahlverkäufe, sodass von etwa 2 bis 3 Packungen pro Kunde und Einkauf ausgegangen werden kann).

Anzustrebende Werte: > 90 % kundenbezogen, > 95 % packungsbezogen.

Achtung! Durch Botendienste und auf breiter Basis legalisiertem Versand kann jetzt möglicherweise mit geringerer Sofort-Lieferfähigkeit gearbeitet werden.

Kriterien für bzw. gegen verstärkte Auslieferaktivitäten und ein Herunterfahren des Warenlagers:
- Konkurrenzumfeld (wie viele Apotheken in unmittelbarer Nähe),
- Berechenbarkeit der Verordnungen (eingefahrenes Ärzteumfeld),
- Anteil der Streurezepte,
- Anteil hochpreisiger Verordnungen (hier oft zu hohe Kapitalbindung, das Kombimodell mit Fix- und nur 3 %iger, preisabhängiger Zuschlagskomponente lässt längere Lagerdauer nicht mehr zu),
- Mentalität der Kundschaft vor Ort (hoher Anteil eiliger Kunden, z. B. Berufstätige, über-, unterdurchschnittlich anspruchsvolle Patienten usw.),
- Standortfaktoren der Apotheke (wie mühsam ist ein Zweitbesuch? Anfahrbarkeit?).

3.3.4 Kapitalbindung und Lagerkosten

Die Lagerkosten setzen sich aus reiner Kapitalbindung (das Geld kann nicht anderweitig womöglich rentabler arbeiten, die Liquidität sinkt), Zinskosten (tatsächlich bei Fremdfinanzierung bzw. kalkulatorisch bei Eigenkapital), anteilige Raumkosten und Investitionskosten für die Warenbevorratung sowie anteilige Kosten für Personal (Warenbewirtschaftung) zusammen. Dazu kommt ein angemessener Ansatz für den Verfall. Diese Ansätze werden im Folgenden beschrieben.

Kapitalbindung
Was bedeutet das für Ihre Liquidität? Muss deshalb der Kreditrahmen (Kontokorrent) in Anspruch genommen werden? Unter diesem Aspekt sind auch die tatsächlichen Zinskosten (s. u.) zu sehen. Ggf. muss Geld bei der Bank aufgenommen und auch getilgt werden, diese Tilgungen belasten Ihr Budget zusätzlich (allerdings steht dem ein Warenwert gegenüber, den Sie irgendwann einmal wieder erlösen sollten, doch wer weiß?).

Zinsen
Je nach Finanzierungsart wie längerfristig via Bank (am günstigsten), über Großhandel oder gar durch Kontokorrent (am teuersten) 5% bis über 15% pro Jahr. Bei Eigenkapital: kalkulatorischen Zinssatz für unternehmerisch arbeitendes Kapital von mindestens 7,5% bis 10% p.a. ansetzen.

Anteilige Raumkosten und Investitionskosten der Warenbewirtschaftung
Hier müssten zumindest kalkulatorisch, z. B. quadratmeteranteilig, die Raumkosten für das Lager sowie die Anschaffungskosten

für die Schubanlagen, auf die tatsächliche Nutzungsdauer verteilt, eingebracht werden. Wer einen Kommissionierautomaten anschafft, muss diesen Posten sorgfältig beachten, diese Kosten gehören in eine seriöse Lagerkostenbetrachtung mit hinein! Pragmatische Ansatzwerte für die nicht-automatisierte Apotheke liegen immerhin bei etwa 5 % bis 8 % des Warenlagerwertes. Die anteiligen Raumkosten (rund 20 % bis 30 % der Gesamtfläche macht die Lagerfläche mindestens aus), sind dabei der größte Posten.

Anteilige Kosten Personal
Je nach Rationalisierungsgrad und Aufwand für Pflege, Retouren, Umräumen, Etikettieren usw. entsprechende Wochenstunden kalkulieren. Hier werden nur effektive, zusätzliche Lagerarbeiten bei einer Artikelausweitung (nicht das übliche Einbuchen und Einräumen) berücksichtigt. Grober Richtwert: Etwa 2 % bis 3 % des Warenlagerwertes.

Verfalls- und Retourenrisiko
Gesamtwert der verfallenen Ware p.a. plus Verluste bei nicht hundertprozentig erstatteten Retouren, bezogen auf den Warenlagerwert. Praktikable Werte lauten auf etwa 3 % bis 5 %, individuell sicher recht unterschiedlich.

Dies alles lässt sich zu folgenden **Faustregeln** zusammenfassen (siehe Kasten).

Merke:

Rund 1,5 % (Streubereich etwa 1 % bis 2 %) des Einstandswertes der Waren pro Monat sind Lagerkosten. 10 000 Euro zusätzliches Lager bedeuten Lagerkosten von 100 bis 200 Euro pro Monat. Der 3 %ige Aufschlag nach Kombimodell ist nach 1,5 bis spätestens 3 Monaten Lagerdauer aufgebraucht.

3.3.5 Kapitalrentabilität

Zur Beurteilung der Kapitalrentabilität einer Investition in Ware werden folgende Parameter benötigt:

▪ Welcher Rohgewinn fällt in welcher Zeit an?
▪ Wie hoch ist die Zeit der effektiven Kapitalbindung, und welches Kapital wird zu welcher Zeit gebunden?
▪ Wie groß ist die Lagerdauer?

Mit K = durchschnittlich über den Zeitraum t gebundenes Kapital.

$$\text{Kapitalrentabilität} = \frac{\text{Rohgewinn}}{K \cdot t} \cdot 100 \%$$

Der Rohgewinn wird aus dem Nettoverkaufswert minus dem effektiven Einkaufswert (unter Einrechnung eventueller Rabatte und Skonti) errechnet, und wird geschmälert durch Lager- und Handlingkosten sowie die Aufwendungen zur Beschaffung.

Das durchschnittlich gebundene Kapital kann mit der Hälfte des Rechnungsbetrages angesetzt werden (dies gilt zumindest bei einigermaßen gleichmäßigem Abverkauf der Ware).

Der Zeitraum t der Kapitalbindung ergibt sich aus der Abverkaufsfrist abzüglich einer eventuellen Valutafrist, bzw. der Abverkaufsfrist, reduziert um die Zeit, die bis zur Bezahlung der Rechnung verstreicht.

Beispiel:

Es stehen je 1 000 Packungen zweier Produkte zum Rentabilitätsvergleich an. Der Abverkauf soll vollständig in der angegebenen Zeit erfolgen. Dann ergibt sich folgende, tabellarisch zusammengefasste Situation (s. Tab. 3.2).

Tab. 3.2: Rentabilitätsvergleich zweier Produkte

	Produkt A	Produkt B
»Lauer«-Einkaufswert je Pckg.		
netto in Euro	5,00	15,00
Rabatt in %	20 %	10 %
= effektiver EK in Euro netto	4,00	13,50
Verkaufspreis netto, Euro	8,00	21,00
= Rohgewinn je Pckg.	4,00	7,50
Bestellmenge in Pckg.	1000	1000
Lager-, Handlingkosten in %	12 %	12 %
... dto., absolut in Euro	480,00	1620,00
Rohgewinn gesamt, abzügl. Lagerkosten in Euro	3 520,00	5 880,00
Voraussichtl. Abverkaufszeit in Monaten	6	12
	(= 0,5 Jahre)	(= 1 Jahr)
Gebundenes Kapital*, durchschnittlich	2000,00	6750,00
Valutafrist bzw. Zahlfrist, Monate	2	3
Effektive Bindungszeit Kapital, Monate	4	9
	(= 0,33 Jahre)	(= 0,75 Jahre)
Kapitalrentabilität in % p.a.	**528 %**	**133 %**

* Der vereinnahmte Rohgewinn ist hier aus Vereinfachungsgründen (kompliziertere Zahlungsflussrechnung) vernachlässigt worden. Die reale Kapitalbindung ist also de facto etwas geringer.

Produkt A schneidet somit in Bezug auf die Kapitalrentabilität noch weit besser ab, als anhand der Spannen (50 % vs. 35,7 %) zu erwarten gewesen wäre – trotz besserer Valuta und absolut höherem Stückertrag bei B. Doch die viel höheren Investitionskosten drücken die Kapitalrendite. Absolut scheinen diese Renditen sehr hoch zu liegen; es sind jedoch gängige Größenordnungen für derartige Handelsprodukte; bei Investitionsgütern beispielsweise liegen die Werte weit niedriger.

Für Discounter ist die Kapitalrentabilität eine zentrale Größe ihrer Bestelloptimierung. Als serviceorientiertes Unternehmen und aufgrund der besonderen Stellung kann eine Apotheke diese Kennzahl nur als einen Anhaltspunkt heranziehen, vor allem da, wo es auf Masse und Auslastung ankommt (Frei- und Sichtwahl, Aktionsware).

3.4 Top-Seller- und ABC-Analyse

Mit welchen Artikeln werden die höchsten Umsätze generiert, welche schlagen sich am häufigsten um? Eine ABC-Analyse gibt hierüber Aufschluss – durch Kategorisierung der Artikel in drei Gruppen A, B und C. A-Artikel sind die »Top-Seller«, B-Artikel liegen im guten Mittelfeld, C-Artikel sind die »Luschen« im Spiel der Umsätze und Erträge. Die Bildung der Kategorien kann nach verschiedenen Kriterien erfolgen, wie:

- Umsatz,
- Ertrag,
- Lagerdrehzahl,
- einer Kombination aus obigen Kriterien, z.B. in Form der bekannten Nutzenkennziffer (s. Kap. 5.7).

Besonders wichtig ist eine solche Analyse für die Bestückung der Sichtwahl (hier sollten nur A-Artikel, allenfalls wenige B-Artikel stehen), aber auch für die im optimalen Sicht- und Griffbereich liegenden Freiwahlflächen. Die Schubladenware wird nach den klassischen Methoden der Warenwirtschaftssysteme analysiert.

So können Sie eine einfache ABC-Analyse durchführen:

- Wählen Sie ein Selektionskriterium, z.B. den Rohertrag.
- Sortieren Sie die Artikel absteigend nach diesem Kriterium.
- Errechnen Sie dessen prozentualen Anteil an der Summe z.B. der Rohgewinne der betrachteten Artikel.
- Bilden Sie die kumulative Summe bezüglich des Selektionskriteriums.
- Legen Sie Grenzen fest: Die Artikel, die z.B. die ersten 75% des aufsummierten Gesamtrohertrages erbringen, sind die A-Artikel, diejenigen, die die folgenden 15% bringen, sind die B-Artikel, den Rest stellen die C-Artikel.
- Ziehen Sie entsprechende Konsequenzen z.B. für die Bestückung der Sichtwahl.

Tabelle 3.3 veranschaulicht das Prinzip der ABC-Analyse.

Tab. 3.3: Beispielhafte ABC-Analyse

Artikel	Rohgewinn	%-Anteil	% kumuliert	A, B, C
Grippe-Ex	7600,00	17,31	17,31	A
Grippostop	7200,00	16,40	33,71	A
Hustefix	6500,00	14,81	48,52	A
Magenfroh	5700,00	12,98	61,50	A
Allergie-Stop	4500,00	10,25	71,75	A
Halsfrei forte	3000,00	6,83	78,59	B
Kognimax	2300,00	5,24	83,83	B
Pickeltod	2100,00	4,78	88,61	B
Ruhewohl	1700,00	3,87	92,48	C
Stern-Tabletten	1500,00	3,42	95,90	C
Vitamine-Mix	1100,00	2,51	98,41	C
Kilobalance	700,00	1,59	100,00	C
Summe:	43 900,00	100,00		

3.5 Warenlager und Wareneinsatz

Das Warenlager, und hier insbesondere die Bestandsveränderungen während des Jahres, nehmen Einfluss auf den Wareneinsatz und damit Ihren Rohgewinnsatz (Handelsspanne). Der Wareneinsatz bezeichnet den Wareneinkauf, korrigiert um Bestandsveränderungen im betrachteten Geschäftsjahr (wichtig: Beträge durchgängig netto ohne Mehrwertsteuer ansetzen):

Merke:

Warenbestand am Jahresanfang
+ effektive Einkaufssumme netto im Jahr (Rabatte, Gutschriften etc. vorher abziehen!)
+ ggf. Nebenkosten der Beschaffung
+ ggf. Schwund, Verluste (i.d.R. aber bereits durch Einkauf bzw. Endinventur erfasst!)
− Warenbestand am Jahresende
= Wareneinsatz

$$\text{Wareneinsatz in } \% = \frac{\text{Wareneinsatz absolut}}{\text{Nettoumsatz}} \cdot 100\%$$

$$\text{Nettohandelsspanne} = 100\% - \text{prozentualer Wareneinsatz}$$

Niedriger Wareneinsatz = höhere Handelsspanne = höherer Rohgewinn = in der Folge höhere Gewinne (und Steuern!).
Um den Rohgewinn im laufenden Jahr zu drücken, muss der Inventurwert am Jahresende niedriger ausfallen.

Tipps für die Praxis:

Monatliche Auswertungen
Beim Blick auf die monatliche, betriebswirtschaftliche Auswertung stechen oft stark streuende Rohgewinnsätze (Spannen) ins Auge. Dies liegt an den unterschiedlichen Einkäufen und Abverkäufen in den einzelnen Monaten – Stichwort Winterbevorratung, Saisonware. Lassen Sie sich davon nicht beunruhigen. Wirklich aussagekräftig sind nur die inventurbereinigten Jahreswerte. Sprechen Sie Ihren Steuerberater an, wie auch die monatlichen Auswertungen aussagestärker gestaltet werden können (durch zeitnahe Erfassung aller Einkäufe).

3.6 Warenlager und Kombimodell

Die neue Honorierung mit überwiegendem Fixzuschlag für verschreibungspflichtige Präparate (8,10 Euro für Privatverordnungen bzw. effektiv 6,38 Euro netto im GKV-Bereich) bedeutet neue Herausforderungen. Die Lage wird quasi von den Füßen auf den Kopf gedreht: Haben bisher teure Präparate die billigen quersubventioniert (Mischkalkulation), ist es zukünftig umgekehrt. Maximal 8,10 Euro plus 3 % des Einkaufswertes, dazu keine nennenswerten Rabatte – das deckt, bei 1,25 % Lagerkostensatz pro Monat (inklusive Pflege und Verfallsrisiko, das sind dann 15 % p.a.), die Kosten in Abhängigkeit des Einkaufswertes jeweils nur so viele Monate, bis der gesamte Rohgewinn aufgezehrt ist. Während also bei billigen Produkten lagertechnisch und renditemäßig

Tab. 3.4: Maximale Lagerdauer von »Kombimodell-Präparaten«

Lagerdauer Monate EK netto	GKV-VO 6,38/0*	GKV-VO 6,38/2,0*	Privat-VO 8,10/0*	Privat-VO 8,10/2,0*
2,50	206,6	208,2	261,6	263,2
5,00	104,5	106,1	132,0	133,6
10,00	53,4	55,0	67,2	68,8
25,00	22,8	24,4	28,3	29,9
50,00	12,6	14,2	15,4	17,0
100,00	7,5	9,1	8,9	10,5
250,00	4,4	6,0	5,0	6,6
500,00	3,4	5,0	3,7	5,3
1000,00	2,9	4,5	3,0	4,6
2500,00	2,6	4,2	2,7	4,3

*Angegeben: jeweiliger Fixaufschlag netto sowie der Rabatt auf den Einkaufs-
wert EK (0 % oder 2 %).

Beispiel:

Bei einem EK von 100,00 Euro im GKV-Bereich und 2 % Rabatt
beträgt die Lagerdauer 9,1 Monate, bis der gesamte Rohgewinn
aufgezehrt ist und ein richtiger Verlust eingefahren wird.

alles im grünen Bereich liegt, werden teurere Produkte kritisch.
Der Fixzuschlag hat kaum mehr eine Wirkung, der 3 %-Aufschlag
deckt die Lagerkosten noch für 2 bis 3 Monate. Bedenken Sie,
dass obige Monatsangaben zu einem völligen Rohgewinnverzehr
führen; die Phase, ab der kein Unternehmerlohn mehr erwirt-

schaftet wird, beginnt weit vorher (etwa nach der halben Zeit oder sogar noch etwas früher).

Vorsicht – Statistikfalle

Wir reden hier über das Segment der verschreibungspflichtigen Rx-Produkte. Diese machen im Durchschnitt nur etwa 45 % aller Arzneimittelpackungen aus; allerdings stellen sie wertmäßig etwa 75 % bis 80 %! Finanztechnisch sind sie also dominierend (und damit für die Warenbewirtschaftung höchst relevant), bezüglich Handlingaufwand hingegen sind die rezeptfreien, günstigen Produkte des Frei- und Sichtwahlbereiches wesentlich bedeutsamer – weil sie zahlenmäßig überwiegen und oft nur eine geringe Wertschöpfung erbringen.

Konsequenzen

Das Lager radikal von teuren Präparaten zu bereinigen wäre ein strategischer Fehler und würde dem Versandhandel in die Hände spielen. Die Lieferbereitschaft hat nach wie vor höchste Priorität. Sie benötigen jedoch eine neue Denkweise – günstige Produkte subventionieren das Hochpreissegment. Die Packungswertverteilung muss also neu betrachtet werden.

3.7 Erfolgsfaktor Packungswertverteilung

Damit kommt, wie bisher schon, der Packungswertverteilung eine eminente Bedeutung zu, unter anderen Vorzeichen. Sie sollten eine Vorstellung haben, in welcher Wertklasse wie viele Packungen verkauft werden (s. Tab. 3.5). Idealerweise können Sie das so-

Tab. 3.5: Beispieltabelle für eine Packungswertverteilung

AVP netto von ...	... bis	Pckg. GKV-VO Rx	Pckg. Privat-VO Rx	Pckg. GKV-VO apo.-pfl.	...
0,--	2,50	2000	150	...	...
2,51	5,00	6000	500	...	...
5,01	10,00	7000	650	...	...
10,01	20,00	6000	600	...	...
20,01	30,00	3500	300	...	...
30,01	50,00	2000	200	...	...
50,01	75,00	1200	150	...	...
75,01	125,00	1000	120	...	...
125,01	250,00	750	90	...	...
250,01	500,00	400	50	...	...
500,01	1000,00	125	15	...	...
1000,01	...	25	3	...	...

gar noch nach Umsatzsegmenten und den unterschiedlichen Preisbildungsmodellen aufgliedern:

- GKV-Verordnungen rezeptpflichtig (= Rx), Kombimodell,
- Privatverordnungen rezeptpflichtig, Kombimodell,
- apothekenpflichtig verordnet, alte AMPreisV,
- apothekenpflichtig (OTC) Barverkauf, frei kalkuliert,

- Freiwahlsegment, frei kalkuliert,
- Hilfsmittel-/Verbandstoffsegment, gemäß Lieferverträgen.

Aus einer solchen Aufstellung der Stückzahlen in den einzelnen Wertklassen ersehen Sie, ob Sie

- hochpreisig (= niedrigere, prozentuale Spannen) oder
- niedrigpreisig (= höhere Spannen als der Durchschnitt)

positioniert sind. Gute Warenwirtschaftssysteme erlauben solche Auswertungen – schließlich liegen die Rohdaten ja ganz exakt über die Abverkäufe vor. Wer relativ wenige, teure Packungen umsetzt, sollte mit seinen Betriebskosten (insbesondere Personal) deutlich unter den Durchschnittswerten liegen – schließlich ist mit hoher Wahrscheinlichkeit, von Spezialfällen abgesehen, der Arbeitsanfall auch geringer. Andernfalls ist die Rendite vor dem Hintergrund niedrigerer Spannen von vielleicht nur 23 % bis 25 % sehr bescheiden.

Einige Orientierungswerte, anhand derer Sie vergleichen können, sind in Tabelle 3.6 aufgeführt.

Tab. 3.6: Packungswerte in unterschiedlichen Segmenten (2003)

Segment	Packungswert, Verkaufswert netto in Euro
GKV-Verordnungen, Rx	ca. 30,00 bis 31,00
Verordnungen, alle	ca. 25,00
Verordnungen, rezeptfrei	ca. 9,00
OTC, Barverkauf	ca. 6,00 bis 7,00

Die betriebswirtschaftliche Herausforderung der Zukunft besteht darin, die im Kombimodell verankerte, ganz überwiegend stückzahlbezogene Honorierung mit den immer noch in Umsatzprozenten ausgedrückten Kosten in Einklang zu bringen. Die zusätzlich noch parallel existierenden, prozentualen Aufschlagsmodelle machen diesen Spagat nicht einfacher.

4 RABATTE, NACHLÄSSE, Einkaufsvorteile

Darum geht es in diesem Kapitel:
√ Arten der Nachlässe und Vorteile
√ Bestellmengen-Optimierung

4.1 Vorbemerkungen

Der Apotheker lebt von den Rabatten – diese Regel hatte bisher durchaus ihre Gültigkeit. Alleine der Großhandelsrabatt deckte nicht selten 50% bis 70% des Vorsteuereinkommens, die Direktrabatte trieben diesen Wert weiter nach oben. Das Jahr 2004 bedeutet eine Zäsur: Die Großhandelsrabatte im verschreibungspflichtigen Segment (der neue, taxpflichtige Bereich) fallen aufgrund der neuen, auf fast die Hälfte gekürzten Aufschlagsstaffel weitgehend weg, bis auf einen Rest von vielleicht 2% bis 3%. Im nicht-taxpflichtigen OTC- und Freiwahlsegment wird sich der Rabattwettbewerb hingegen verschärfen. Kooperations- und Einkaufsmodelle tun ihr Übriges dazu, dass kaufmännisches Denken in Zukunft wichtiger denn je wird.

4.2 Arten der Nachlässe und Vorteile

Wir müssen bei den Nachlässen unterscheiden zwischen
- Naturalrabatten,
- Barrabatten,
- zusätzlichen Vorteilsgewährungen wie Proben, Werbematerialien, Sachprämien, Ausgleichsware, auch teilweise regelrechten Werbekostenzuschüssen,
- im Einzelhandel auch richtiggehenden »Einlistungsgebühren«, Platzierungszuschüssen für eine attraktive Positionierung und Unterstützung bei der Einräumung und Pflege des Warenbestandes. Dies ist in der Apotheke noch minimal entwickelt.

Auf Seiten der **Zahlungsabwicklung** haben wir
- Valuta (Zahlungsaufschub um einen feststehenden Zeitraum) und
- Skonto (Nachlass für kurzfristige Zahlung innerhalb der Skontofrist).

Der Kaufvertrag, der letztlich stillschweigend bei einer Bestellung zu Stande kommt, kann weitere Vorteile beinhalten; in erster Linie sind das die **Retourenkonditionen** (neben der Rückgabefrist auch die technische Abwicklung der Rückgabe).

Für die Gesamtrendite- und auch Risikobetrachtung müssen alle Komponenten betrachtet werden.

Tab. 4.1: Umrechnung von Naturalrabatt in Barrabatt

Naturalrabatt (Bezahlmenge + Rabattmenge)	Äquivalenter Barrabatt
2 + 1 (= 4 + 2, 10 + 5)	33,3 %
3 + 1	25,0 %
4 + 1	20,0 %
5 + 1 (= 10 + 2, 20 + 4)	16,7 %
6 + 1	14,3 %
7 + 1	12,5 %
8 + 1	11,1 %
9 + 1	10,0 %
10 + 1	9,1 %
10 + 3	23,1 %
10 + 4	28,6 %

Muster der Naturalrabatte: Bezahle z. B. 10 Artikel, geliefert werden 12, das heißt dann »10 + 2«.

4.2.1 Naturalrabatte

Naturalrabatte sind deshalb so beliebt, weil der Produktionswert der Waren meist recht gering ist (nicht selten weniger als 25 % des Herstellerpreises). Der Hersteller kann sich also leichten Herzens davon trennen, während Barrabatte richtig weh tun. Eine Umrechnung der häufigsten Naturalrabatte in äquivalente Barrabatte zeigt Tabelle 4.1.

Rechenformel:

$$\text{Äquivalenter Barrabatt} = \frac{\text{Naturalrabattmenge}}{\text{effektive Liefermenge}} \cdot 100\%$$

Tipps für die Praxis:

Direktbestellungen
Definieren Sie einen Grenzwert (z. B. besser als 7 + 1) für Ihre Helferinnen, ab dem es sich überhaupt erst lohnt, auf ein Direktangebot der Hersteller zurückzukommen. Vielen Computersystemen lässt sich eine solche Logik auch einprogrammieren, dann geschieht diese Prüfung automatisch (sofern Sie Ihre Konditionen sorgfältig einpflegen ...).

Bedenken Sie, dass Naturalrabatte ihre Wirkung erst dann entfalten, wenn Sie die Ware vollständig absetzen. Wenn Sie bei einem 10 + 2-Angebot nur eine Schachtel übrig behalten und nicht retournieren können, sind 50 % des Rabattes dahin! Bei Retournierung und 100 %-Erstattung (!) entgeht Ihnen wenigstens nur der erhoffte Rohgewinn.

4.2.2 Barrabatte

Barrabatte sind aus den erwähnten Gründen zumindest im Direktgeschäft weit weniger verbreitet. Sie sollten in jedem Falle spürbar höher als Ihr Großhandelsrabatt ausfallen; bedenken Sie, wenn Sie Rabattstaffeln via Umsatzschwellen bei Ihrem Großhändler vereinbart haben, dass Sie möglicherweise hier Nachteile in Kauf nehmen müssen, wenn Sie zu viel direkt einkaufen. Dies sollte in jedem Falle gegengerechnet werden (natürlich auch bei Naturalrabatten)! Bei Kooperations- und Einkaufsmodellen stellt sich diese Frage in verschärfter Form.

Tipps für die Praxis:

Präparateauswahl

Am sichersten gehen Sie mit werblich stark vorverkaufter, bekannter Markenware. Die Nachfrage ist hier weitgehend gesichert, wenn auch regional sehr unterschiedlich. IMS-Daten sowie Publikationen des Großhandels (OTC-Report) helfen weiter, auch das eigene Studium der Apothekenzeitungen und der üblichen Publikumspresse. Neueinführungen sind immer kritisch, sofern es nicht wirklich durchschlagende Innovationen in einem viel gefragten Indikationsgebiet sind.

4.2.3 Sonstige Vorteilsgewährungen

Diese können manchmal mehr wert sein als der eine oder andere Prozentpunkt mehr Rabatt – wenn diese nämlich dazu führen, den Absatz signifikant anzukurbeln. Gutes Werbe- und Dekomaterial (prüfen!), Proben, attraktive Zugaben, Plüschtierchen und manches mehr können einer Aktion zum Erfolg verhelfen. Gute Rabatte nützen dagegen nichts, wenn Sie auf der Ware sitzen bleiben – selbst bei kulanter Retourenregelung. Ihr Platz und Ihre Kapazitäten sind blockiert worden!

4.2.4 Zahlungsmodalitäten

Der Charme der **Valutagewährung** – Zahlungsaufschub um in der Praxis einige Wochen bis hin zu sechs Monaten – liegt darin, dass Sie die Ware im Idealfall bereits abverkauft haben, wenn die Bezahlung ansteht. Die **Kapitalbindung** ist in diesem Fall Null, die Liquiditätsbilanz klar positiv (die Rohgewinne wurden ja bereits zusätzlich vereinnahmt). Sie gewinnen also de facto ohne Kapitaleinsatz. Wer auf optimale Kapitalrentabilität und Schonung der Liquidität Wert legt, der lege die Bestellmengen so, dass ein zumindest weitgehender Abverkauf bis zur Rechnungsfälligkeit wahrscheinlich ist.

Ein **Skonto** sollte in jedem Falle wahrgenommen werden, selbst wenn dadurch der Kontokorrentkredit weiter ausgeweitet wird. Dies gilt zumindest bei Skonti ab etwa 1,0 % aufwärts. Das Verstreichenlassen der Skontofrist bringt Ihnen in der Regel nur einen Zahlungsaufschub von etwa zwei bis drei Wochen (minimal 7 bis 14 Tage mit Skonto gegenüber meist 30 Tagen ohne Skonto). Schon ein Prozent für zwei Wochen frühere Zahlung bedeutet näherungsweise etwa 26 % Jahreszins, bei drei Wochen Zeitgewinn sind es immer noch 17 % – eine gute Verzinsung! Bei höheren Skontosätzen ist es entsprechend mehr. Dann lohnt sich meist nicht einmal die – nicht ganz faire – Methode, es stets auf die erste, noch gebührenfreie Mahnung ankommen zu lassen. Je nach Mahnfreudigkeit des Lieferanten und dessen Organisation des Rechnungswesens lassen sich ansonsten u. U. ganz erhebliche Zeitgewinne realisieren – interessant aber nur für denjenigen, der an der liquiditätsmäßigen Unterkante operieren muss.

4.3 Bestellmengen-Optimierung

Die entscheidende Frage: Wie viel darf an Lager gelegt werden, um einerseits noch möglichst gute (bestellmengenabhängige) Rabatte zu erzielen, andererseits aber nicht zu viel Kapital zu binden und zudem das Verfallsrisiko überschaubar zu halten?

Eine einfache Formel aus der Warenwirtschaft lautet:

$$\text{Bestellmenge} = \sqrt{\frac{200 \cdot \text{Jahresbedarf} \cdot \text{Bestellkosten}}{\text{Stückpreis} \cdot \text{Lagerkostensatz}}}$$

Die Bestellkosten werden in absoluten Werten eingesetzt, der Lagerkostensatz als Prozentwert (ca. 15 % bis 20 %).

Beispiel:

Die Bestellung einer größeren Menge eines Kopfschmerzmittels stehe an. Einkaufspreis 2,50 Euro pro Stück, Jahresbedarf 750 Packungen, Lagerkostensatz 15 %. Die Bestellkosten sollen mit insgesamt 10 Euro (inklusive Bestellaufnahme beim Vertreter, Rechnungsbearbeitung usw.) angenommen werden. Die Lösung nach obiger Formel lautet auf 200 Stück; damit würde also in etwa ein Quartalsbedarf bestellt werden.

Wann muss die rabattierte Menge umgesetzt sein, bevor der Rabattvorteil (Rabattsatz r) durch Lager- und Kapitalkosten (Zinssätze l und i) aufgezehrt ist? Der Zeitraum Z in Monaten errechnet sich nach

$$Z = \frac{12 \cdot r}{1 + i}$$

Beispiel:

Bei Lagerkostensätzen von 15%, Kapitalkosten von 10% und einem Rabatt von 20% inklusive Skonto wird dieser Vorteil in 9,6 Monaten aufgezehrt.

Hier wird lediglich eine kaufmännisch sinnvolle Zeit errechnet. Das Verfalls- bzw. Rückgaberisiko bleibt außen vor, muss aber im Einzelfall berücksichtigt werden. Eine zweite, jedoch prioritäre Bedingung könnte daher z. B. Restlaufzeit (bis zum Verfalldatum) minus 6 Monate (12 Monate, je nach Retourenkonditionen) lauten.

Eine etwas kompliziertere Formel ermittelt die **tatsächlichen Einkaufs- und Lagerkosten** ELK unter Einrechnung der Rabatte und Lagerkosten, um die der erzielte Umsatz geschmälert wird, sodass der tatsächliche Gewinn entsprechend geringer als geplant ausfällt:

ELK =

$$B \cdot f_R \cdot f_S \cdot \left[1 + \frac{(p_L + p_K) \cdot (L - V)}{36000} \right] - B_V \cdot F_A \cdot \frac{L \cdot p_K}{7200} - B_R \cdot (1 - \frac{L \cdot p_K}{7200})$$

mit den **Ab**schlagsfaktoren f_R (für den Rabatt) und f_S (für den Skonto), die sich jeweils wie folgt errechnen:

$$f_R = (1 - \frac{\text{Rabatt}}{100}); \quad f_S = (1 - \frac{\text{Skonto}}{100})$$

Bei einem Rabatt von 15% errechnet sich f_R zu 0,85. f_S wird analog errechnet. Bei Naturalrabatten ist der äquivalente Barrabatt (siehe weiter oben) anzusetzen.

Der Aufschlagsfaktor F_A errechnet sich zu

$$F_A = (1 + \frac{\text{Aufschlagssatz}}{100}),$$

der Faktor F_L für die Lagerkosten wird analog ermittelt.

B =   Bezugswert (nominaler »Lauer-«Einkaufswert) der gesamten Ware,

B_V =   Bezugswert der tatsächlich verkauften Ware,

B_R =   Wert der retournierten und gutgeschriebenen Ware (ggf. anteiligen Gutschriftsbetrag ansetzen),

L =   tatsächliche Lagerdauer bis zum letzten Stück, das abgesetzt werden kann,

V =   Valuta in Tagen,

P_K =   Kapital-Zinssatz auf Jahresbasis in % (für Fremdkapital oder kalkulatorisch für Eigenkapital).

P_L =   Lagerkostensatz in % p.a.

Beispiel:

Einkaufswert nominal = 5000 Euro, es können 20% nicht verkauft, aber retourniert werden, leider nur zu 70% Gutschrift (20% von 5000 Euro = 1000 Euro, davon 70% = 700 Euro = B_R); verkaufte Ware B_V zu Nominalpreisen = 80% = 4000 Euro. Valutafrist = 60 Tage, Abverkaufsfrist = 270 Tage, Aufschlagssatz =

50 % Rabatt = 25 %, Skonto = 2 %, Lagerkostensatz P_L = 15 %, es wird mit einem Kapitalzinssatz P_K von 10 % gerechnet.

Lösung:

ELK = 3312,19 Euro.

Der tatsächliche Gewinn aus dem Verkauf beträgt also:

4000 Euro mal 1,5 (Aufschlagsfaktor) minus ELK = 6000 Euro minus 3312,19 Euro = 2687,81 Euro.

Geplant waren allerdings 3825 Euro (7500 Euro Umsatz bei vollständigem Verkauf, abzüglich des um Rabatte und Skonti geminderten Einkaufspreises von effektiv 3675 Euro). Das bedeutet eine Gewinnminderung um rund 30 % – hervorgerufen durch Lager- und Kapitalkosten sowie nicht verkaufte und nur teilweise erstattete Ware.

Darum geht es in diesem Kapitel:

√ Aufschlags- und Spannenkalkulation
√ Stückzahlbezogene Kalkulation
√ Intelligente Preismodelle
√ Wirkung von Preissenkungen bzw. -anhebungen
√ Prinzip der Deckungsbeiträge
√ Nutzenkennziffer

5.1 Vorbemerkungen

Waren bis Ende 2003 im Schnitt rund 95 % des Warensortiments preisgebunden (lediglich in stark barverkaufsorientierten Apotheken lag dieser Satz erheblich geringer), ist ab Anfang 2004 alles anders. Mit dem Wegfall der Preisbindung für das gesamte OTC-Sortiment brechen neue Zeiten an. Angesichts der Tatsache, dass der Rezeptumsatz mit verschreibungspflichtigen Arzneimitteln durch das Kombimodell abgegolten wird, welches in den meisten Fällen nur eine gute Kostendeckung gewährleistet, und zudem die Großhandelsrabatte in diesem Segment weitgehend wegfallen, ist der Barverkauf, und hier insbesondere der Absatz apothekenpflichtiger Präparate, die letzte Rendite-Garantie, die der Apotheke bleibt. Einer renditeorientierten und vernunftbetonten Preispolitik kommt daher eine kaum zu unterschätzende, ja existenzielle Bedeutung zu.

5.2 Aufschlags- und Spannenkalkulation

Bei dieser Kalkulationsart berechnen Sie den Verkaufspreis AVP aus dem effektiven Einkaufspreis EK sowie

- entweder einem individuellen Aufschlagssatz A in %,
- oder indirekt aus Ihrer Zielspanne S in %, die das Produkt erbringen soll,
- sowie dem Mehrwertsteuersatz M.

Rechnen Sie zuerst stets mit Nettowerten ohne Mehrwertsteuer, und rechnen Sie die Mehrwertsteuer dann hinterher dazu. Rechnen Sie mit den Mehrwertsteuerfaktoren:

- 1,16 für den Normal-Mehrwertsteuersatz von 16 %,
- 1,07 für den ermäßigten Mehrwertsteuersatz von 7 %.

- Mehrwertsteuer zuschlagen = Multiplizieren des (kaufmännisch auf einen Cent gerundeten) Nettopreises mit obigen Faktoren.
- Mehrwertsteuer herausrechnen (= Nettowerte errechnen) = Dividieren des Bruttopreises durch obige Faktoren. Endergebnis auf einen Cent genau runden.

Merke:

Formeln zur Preiskalkulation

a) via Aufschlagssatz A in %, Mehrwertsteuersatz M in %:

$$AVP = EK \cdot (1 + \frac{A}{100}) \cdot (1 + \frac{M}{100})$$

b) via Zielspanne S, Mehrwertsteuersatz M in %:

$$AVP = \frac{EK}{1 - \frac{S}{100}} \cdot (1 + \frac{M}{100})$$

Diskussion der Zielspannen:

Spanne S = 0%: Verkauf zu Einstandspreisen (Ramschaktionen, nur in Ausnahmefällen sinnvoll).

Spanne S = etwa 20% (bzw. individueller Gesamtkostensatz): Deckung der Gesamtkosten ohne jeden Unternehmerlohn; ultima ratio, wenn es der Wettbewerb erzwingt.

Spanne in etwa gleich Ihrer jetzigen Betriebshandelsspanne (meist etwa 25% bis 30%): Es wird ein prozentualer Deckungsbeitrag erzielt, der Ihren Unternehmerlohn bildet, und zwar in Höhe der eingesetzten Zielspanne abzüglich Ihres Gesamtkostensatzes. Bei 20% Kostensatz und 27,5% Zielspanne wären das also 7,5% Rendite, die Ihnen persönlich vor Steuern bleiben. Diese Kalkulation lässt sich zwar lange durchhalten, freilich hebt sie nicht Ihre Rendite; weitere Eingriffe an anderer Seite lassen diese im Gegenteil weiterhin abschmelzen.

Spanne etwa 30% bis 40%: Der »Graubereich«, in dem sich möglicherweise das Meiste abspielen dürfte, wenn die Preise Stück um Stück ins Rutschen kommen sollten. Dieser Rohgewinnsatz liegt knapp an Ihrer jetzigen OTC-Rendite oder etwas darunter; die Rendite ist zwar prinzipiell noch in Ordnung; ausgehend vom heutigen Niveau ist jedoch eine Erosion zu befürchten, Ihr Einkommen sinkt. Hohe Rabatte (z.B. durch Kooperationen erzielt) lassen Sie mutig werden und die Preise senken – bei vorerst gleicher Rendite. Der Kollege gegenüber zieht nach – und schon kommt eine Abwärtsspirale in Gang ...

Spanne oberhalb ca. 40% bis über 45% hinaus: Der anzustrebende Wunschbereich. Das ist der obere Rand der heutigen OTC-Renditen, die es zu verteidigen und auszubauen gilt. Hier erhalten Sie einen positiven Wertbeitrag über Ihre jetzige Betriebsspanne (und idealerweise sogar über Ihre heutige segmentale Spanne im OTC-Bereich) hinaus, Sie heben Ihre durchschnittliche Rendite.

Praktische Faustformeln zur einfachen, dennoch hinreichend rentablen OTC-Preiskalkulation
Grundkalkulation:

$$\text{AVP brutto} = \text{Nettoeinkaufspreis} \cdot 2$$

d.h., ein Artikel zum effektiven Nettoeinkaufspreis EK (unter Einrechnung der erhaltenen Rabatte) von 5 Euro ergibt einen Endpreis AVP einschließlich Mehrwertsteuer von EK mal zwei gleich 10 Euro. Optisch angepasst mögen daraus 9,98 Euro oder 9,95 Euro werden. Diese einfache Formel sichert eine Spanne von etwa

42 %, das entspricht ziemlich genau den heute auch realisierten Werten. Der Vorteil ist, dass die Mehrwertsteuer gleich mit einbezogen ist.

Erweiterte Grundkalkulation:

$$\text{AVP brutto} = \text{Nettoeinkaufspreis} \cdot 2 + 1\,\text{Euro}$$

Wer will, kann andere, leicht merkbare Beträge statt einem Euro einsetzen.

Dies ist eine Art Kombimodell. Es sichert insbesondere bei niedrigen Einkaufspreisen einen fixen Grundertrag (s. Diskussion der Vor- und Nachteile weiter unten).

Die Preise sollten jeweils geglättet und optisch aufbereitet werden, z. B. auf 4,95 Euro. Eine überlegenswerte Alternative: Glatte Beträge wie 5,00 Euro wirken abgerundet, schlicht, sachlich und sparen Zeit beim Herausgeben des Wechselgeldes!

Vorteile der Aufschlags- und Spannenkalkulation

Neben der leichten Errechenbarkeit führt sie im niedrigpreisigen Bereich zu marktgerechten Preisen; wirklich gesamthaft kostendeckende Festaufschläge (siehe weiter unten bei der stückzahlbezogenen Kalkulation) lassen sich dort meist nicht durchsetzen. Die Zielspannenkalkulation ist dagegen leicht überschaubar – es wird schnell ersichtlich, ob diese oberhalb oder unterhalb der erwirtschafteten, gesamthaften Betriebshandelsspanne liegt und diese damit heben oder senken wird.

Nachteile der reinen Aufschlags- oder Spannnenkalkulation

Gerade bei niedrigen Einkaufspreisen ergeben die üblichen Zuschläge keine tatsächlich kostendeckenden oder gar gewinnbringenden Preise. Bei hochpreisigen Artikeln ergibt sich umgekehrt u. U. eine nicht angemessene Verteuerung. Letztlich basiert dieses Modell auf einer Mischkalkulationsbasis – teure Produkte subventionieren die niedrigpreisigen.

5.3 Stückzahlbezogene Kalkulation

Die stückzahlbezogene Preisermittlung verteilt die anfallenden Kosten und ggf. den erwünschten Unternehmerlohn gleichmäßig auf alle umgesetzten Packungen. Es wird also ein absoluter Aufschlag je Packung ermittelt, der die Kosten und den Gewinn abdeckt. Dabei kann ein pauschaler Ansatz gemacht werden, der Rohgewinn wird durch die Zahl der abgesetzten Packungen geteilt, oder aber es werden die einzelnen Umsatzsegmente separat betrachtet.

Beispiel:

Eine Apotheke setze insgesamt 1,5 Mio. Euro netto pro Jahr um; der Rohgewinn betrage 425 000 Euro bei Kosten von 320 000 Euro. Es werden 70 000 Arzneimittelpackungen umgesetzt. In der Freiwahl seien es – bei 60 000 Euro Umsatz und 15 000 Euro Rohgewinn – noch einmal 10 000 Packungen. Hilfsmittel, Verbandstoffe etc. bringen 80 000 Euro Umsatz bzw. 20 000 Euro Rohgewinn bei 8000 Packungen. 1200 Rezepturen machen 15 000 Euro Umsatz bei 7500 Euro Rohgewinn aus.

Das bedeutet: Im Arzneimittelbereich werden

$$\frac{425\,000 - 15\,000 - 20\,000 - 7\,500}{70\,000} = 5,46 \text{ Euro Rohgewinn}$$

je Packung erwirtschaftet. Das Kombimodell führt hier auf den ersten Blick – mit 6,38 Euro netto Zuschlag im GKV-Bereich, 8,10 Euro bei Privatverordnungen, jeweils verschreibungspflichtige Mittel – sogar zu einem Plus (dagegen sind freilich wegfallende Großhandelsrabatte zu rechnen). Dass dem jedoch nicht so ist, wird weiter unten bei einer detaillierten Aufstellung deutlich.

Über alle Packungen (= Summe aller oben angegebenen Packungseinheiten = 70 000 + 10 000 + 8000 + 1200 = 89 200 Stück) hinweg beträgt der Aufschlag

$$\frac{425\,000}{89\,200} = 4,76 \text{ Euro}$$

einschließlich Rezepturen.

Die spezifischen Kosten betragen analog

$$\frac{320\,000}{89\,200} = 3,59 \text{ Euro je Packungseinheit}$$

Hinweis: Die meisten Warenwirtschaftssysteme können solche Umsatz- und Packungsdaten ausgeben. Über die jeweiligen Kennzeichen im Stammdatensatz ist zu jedem Artikel eine Zuordnung zu den einzelnen Segmenten gegeben.

Detaillierter aufgeschlüsselt sehe die Situation aus obigem Beispiel wie in Tabelle 5.1 dargestellt aus.

Tab. 5.1: Beispiel zur stückzahlbezogenen Kalkulation

Segment	Umsatz in Euro	Packungs-zahl	Rohgewinn absolut in Euro	Rohgewinn je Pckg. in Euro	Spanne in %
Rx GKV-VO	975 000	30 000	235 000	7,83	24,1
Rx Privat-VO	100 000	3000	27 500	9,17	27,5
OTC VO	70 000	7000	30 000	4,29	42,9
OTC bar	200 000	30 000	90 000	3,00	45,0
Freiwahl	60 000	10 000	15 000	1,50	25,0
Verband-, Hilfsmittel	80 000	8000	20 000	2,50	25,0
Rezepturen	15 000	1200	7500	6,25	50,0

Rx = verschreibungspflichtige Präparate, VO = Verordnungen.

Konsequenzen aus diesen Zahlen:

- Jede Packung, die mehr als 4,76 Euro Rohgewinn (= Rohertrag über alle Packungen, s.o.) erbringt, steigert statistisch den Gewinn. Das sind die Verordnungen und die Rezepturen. Umgekehrt sind streng genommen alle Packungen, die diesen Wert nicht erreichen, betriebswirtschaftlich nicht rentabel – sie decken nicht die Kosten inklusive dem derzeitigen Unternehmerlohn. Ab 3,59 Euro Rohertrag sind wenigstens die Kosten gedeckt, jeder Cent zusätzlich ist Unternehmerlohn.
- Werden in den einzelnen Segmenten die oben errechneten Stückerträge nicht erreicht, sinkt der Gewinn.

- Die Verordnungsumsätze sind nach wie vor die ins Auge stechendsten Zahlen bei dieser Rechnung (in prozentualen Spannen ausgedrückt sieht das ganz anders aus, wie die rechte Spalte zeigt).
- Im OTC-Barverkauf wäre also ein Aufschlag von 3,00 Euro mindestens erforderlich. Ein Billig-Schmerzmittel (z. B. Paracetamol-Präparat) würde sich damit jedoch erheblich verteuern: Bei einem effektiven Einkaufspreis (inkl. Rabatte) von heute 0,80 Euro und einem AVP von 1,80 Euro wären dann mit Mehrwertsteuer rund 4,40 Euro fällig. Das erscheint kaum durchsetzbar.
- Im Freiwahlbereich müssten auf jede Packung mindestens 1,50 Euro Rohertrag aufgeschlagen werden. Damit wäre mit Mehrwertsteuer kein Artikel unter 1,75 Euro zu haben – auch nicht das billigste Hustenbonbon. Das erscheint ebenfalls nicht marktgerecht.

Fazit:

Die stückzahlbezogene Kalkulation hat aus theoretisch-betriebswirtschaftlicher Sicht eine wertvolle Aussagekraft. Der Hauptnachteil: Praktisch lässt sie sich kaum durchgehend umsetzen. Sie zeigt aber die kaufmännischen Leitplanken auf, und ist als Controlling-Instrument, wie sich die Stückerträge im Vergleich zu den Stückkosten entwickeln, von erheblicher Bedeutung.

5.4 Intelligente Preismodelle

Intelligente Preismodelle haben nicht nur den momentanen Ertrag im Auge, sondern versuchen, Umsätze und Gewinne nachhaltig zu stabilisieren und auszubauen. Ein für Apotheken geeigneter Ansatz kann darin bestehen,

- für Akutfälle und Laufkunden im zumindest nicht so stark dem direkten Preisvergleich unterliegenden Standardsortiment (Schubladenware) mit soliden, auskömmlichen Spannen zu kalkulieren,
- Stammkunden und chronisch Kranke über Kundenbindungsinstrumente nachhaltig zu gewinnen. Hier eignen sich Kundenkarten, kombiniert mit Bonusprogrammen und Preisnachlässen beim Erreichen gewisser Jahresumsätze,
- Sonderaktionen auf wenige, jedoch in den Augen der Kunden geschätzte Schnelldreher-Produkte zu beschränken. Wichtig ist es, den Sonderaktionscharakter hervorzuheben durch zeitliche und/oder mengenmäßige (»solange Vorrat reicht«) Beschränkung. Ein Dauertiefpreis-Image sollte vermieden werden.

5.5 Wirkung von Preissenkungen bzw. -anhebungen

Es wird gerne unterschätzt, wie viel Mehrumsatz erforderlich ist, um eine Preissenkung um x% zu kompensieren (sprich, trotzdem den gleichen Rohgewinn zu erzielen). Bedenken Sie dabei stets, dass der Arzneimittelabsatz nicht beliebig ausdehnbar ist – die meisten Mittel werden nicht auf Vorrat gekauft, und ein billiger Preis stimuliert in der Regel nicht, über den Bedarf hinaus einzukaufen (das ist bei vielen Konsumprodukten anders: Hier wird etwas gekauft, weil es gefällt, nicht, weil es unbedingt benötigt wird. Somit ist hier eine – jedoch ebenfalls begrenzte – Stimulation des Mengenabsatzes möglich).

Der prozentuale Mehr- bzw. Minderumsatz MU ergibt sich aus dem Verhältnis der Rohgewinne, die mit dem alten bzw. neuen Preis erzielt werden:

$$MU = (\frac{Rohgewinn(alt)}{Rohgewinn(neu)} - 1) \cdot 100\%$$

Negative Prozentwerte zeigen an, dass ein entsprechender Minderumsatz (bei Preiserhöhungen) ausreicht, um auf den gleichen Ertrag zu kommen.

Beispiel:

Ein Produkt habe einen effektiven Einkaufspreis von 5,00 Euro netto. Es werde bisher für 10,00 Euro netto (= 11,60 mit 16 % Mehrwertsteuer) verkauft, der Rohgewinn beträgt folglich 5,00 Euro. Es soll nunmehr für 8,60 Euro netto (9,98 brutto) angeboten werden, neuer Rohgewinn damit nur noch 3,60 Euro. Alternativ soll eine Preiserhöhung auf 12,99 Euro Endpreis (= 11,20 netto) durchgerechnet werden.

Lösung:

a) Erforderlicher Mehrumsatz = (5,00/3,60 – 1) x 100 %
= 40 %. Es müssen also 40 % mehr Packungen abgesetzt werden,

um nur den gleichen Rohgewinn zu erzielen. Dabei ist gar nicht berücksichtigt, dass 40% Mehrumsatz auch entsprechend mehr Arbeit (Handling- und Verkaufskosten) machen.

b) Bei der Preiserhöhung dürfen rund 19% weniger abgesetzt werden, um den gleichen Ertrag zu erhalten. Der Arbeitsaufwand nimmt zudem ab.

In Tabelle 5.2 werden die adäquaten Mehr- bzw. Minderumsätze gezeigt, die Sie erbringen müssen, um den Rohgewinn überhaupt zu halten.

Beispiel:

Ihr Artikel hat heute eine Spanne von 40%; Sie senken den Preis um 20% – dann benötigen Sie 200% Umsatz, bezogen auf Ihr heutiges Niveau von 100%. Im Klartext: Sie müssen den Umsatz verdoppeln, um nur Ihren gegenwärtigen Rohgewinn zu halten.

Tab. 5.2: Erforderlicher Umsatz für den gleichen Rohgewinn bei Preisanhebungen und -senkungen, abhängig von der vorher erwirtschafteten Initialspanne

Umsatz-relation in %	Initial-spanne, %:			
Preisan-passung, %	20%	30%	40%	45%
+ 20%	50,00%	60,00%	66,67%	69,23%
+ 15%	57,14%	66,67%	72,73%	75,00%
+ 10%	66,67%	75,00%	80,00%	81,82%
+ 5%	80,00%	85,71%	88,89%	90,00%
0%	100,00%	100,00%	100,00%	100,00%
–5%	133,33%	120,00%	114,29%	112,50%
–10%	200,00%	150,00%	133,33%	128,57%
–15%	400,00%	200,00%	160,00%	150,00%
–20%	unmögl.	300,00%	200,00%	180,00%
–25%	unmögl.	600,00%	266,67%	225,00%
–30%	unmögl.	unmögl.	400,00%	300,00%
–35%	unmögl.	unmögl.	800,00%	450,00%
–40%	unmögl.	unmögl.	unmögl.	900,00%
–45%	unmögl.	unmögl.	unmögl.	unmögl.
–50%	unmögl.	unmögl.	unmögl.	unmögl.

5.6 Prinzip der Deckungsbeiträge

Der Vollständigkeit halber sei hier noch die in der Industrie sehr gebräuchliche Rechengröße der Deckungsbeiträge erläutert. Ein positiver Deckungsbeitrag wird erwirtschaftet, wenn durch den Preis nicht nur die Kosten gedeckt werden, sondern darüber hinaus noch ein Überschuss, eben dieser Deckungsbeitrag, bleibt. Da es verschiedene Kostenarten gibt – Fixkosten, variable Kosten, sprungfixe Kosten, kalkulatorische Kosten, um die wichtigsten zu nennen – und zudem die Zuordnung unterschiedlich vorgenommen werden kann (streng auf das Produkt bezogen, Betrachtung des Gesamtbetriebes usw.), können mehrere, verschiedene Deckungsbeiträge definiert werden, je nachdem, welcher Kostenansatz zu Grunde gelegt wird.

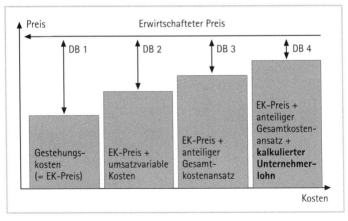

Abb. 5.1: Prinzip der Deckungsbeiträge (DB)

Tipps für die Praxis:

Deckungsbeiträge
Die Deckungsbeitragsrechnung zur Preisfindung macht in der Apotheke nur begrenzt Sinn, da strenge Kostenzuordnungen z. B. zum einzelnen Artikel schwierig und auch aufwändig sind. Mit der Spannen- oder ggf. auch stückzahlbezogenen Kalkulation – siehe weiter oben – kommen Sie in der Praxis weiter. Mit der Definition verschiedener Zielspannen arbeiten Sie indirekt ebenfalls mit Deckungsbeiträgen – sie sind aber leichter zu handhaben.

5.7 Nutzenkennziffer

Eine im Einzelhandel häufiger verwendete, recht einfache Kennziffer ist die Nutzenkennziffer. Hier geht nicht nur der Aufschlag ein, sondern auch die Umschlagshäufigkeit. Sofern der Warenumschlag hoch ist und damit auch die Auslastung, kann mit geringeren Spannen kalkuliert werden – eine Rendite ist trotzdem noch möglich (Aldi-Prinzip). Die Nutzenkennziffer NKZ errechnet sich aus:

$$NKZ = \text{Umschlagshäufigkeit} \cdot \text{Aufschlagssatz}$$

Die Umschlagshäufigkeit ergibt sich aus dem Abverkauf zu Nettoeinstandspreisen, geteilt durch den durchschnittlichen Lagerbestandswert für diesen Artikel (= Mittelwert aus Anfangs- und Endbestand mal Einkaufswert je Packung in der betrachteten Periode). Die NKZ bezieht sich auf eine zu betrachtende Periode, z. B. ein Quartal oder ein Jahr. Je größer der Wert, umso besser.

Beispiel:

Es stehen zwei Hautcremes zur Disposition. Produkt A verspricht einen Umsatz von 300 Packungen im Quartal; der Einstandspreis liegt bei 2,00 Euro, der Aufschlagssatz (ohne Mehrwertsteuer) bei 50 % (= Rohgewinn 1,00 Euro je Packung); es werden halbjährlich 600 Packungen bestellt, der durchschnittliche Lagerbestand liege damit bei etwa 300 Packungen.

Produkt B: EK = 10 Euro, Aufschlagssatz = 60 % (= 6,00 Euro Rohgewinn je Packung), Lagerbestand durchschnittlich 100 Packungen, Umsatz 50 Packungen pro Quartal.

Lösung:
NKZ von A = 60
NKZ von B = 30

Unter diesen Gesichtspunkten ist A trotz niedrigerer Marge und absolut viel geringerem Rohgewinn je Packung zu bevorzugen; absolut sind beide Werte der NKZ relativ niedrig (gute Produkte liegen weit über 100) – die letztlich viel zu hohen Lagerbestände mit der Konsequenz einer niedrigen Umschlagshäufigkeit (1 bzw. nur 0,5 im Quartal) verursachen dies. Die absoluten Rohgewinne sind übrigens mit 300 Euro je Quartal für A und B gleich!

Merke:

Die NKZ eignet sich vor allem zu Vergleichszwecken verschiedener Produkte.
Achten Sie auf den gleichen Zeitbezug (Quartal, Jahr) bei allen Artikeln!

Darum geht es in diesem Kapitel:

√ Statische Rechnung

√ Dynamische Rechnung

√ Umbau: Wie viel Mehrumsatz erfordert er?

√ Pay-back-Zeit

√ ROI – Return on Investment

6.1 Vorbemerkungen

Wann ist eine Investition rentabel? Verdient sie überhaupt ihre Kosten? Wie verzinst sich das eingesetzte Kapital? Fragen, die besonders bei größeren Anschaffungen wie einer neuen EDV, einer neuen Einrichtung oder einem Kommissionierautomaten auf eine Antwort warten. Der Ehrlichkeit halber sei jedoch erwähnt, dass selbst in manchen großen Firmen nicht sehr ernsthaft über die finanziellen Konsequenzen von etlichen Investitionen nachgedacht wird. Prestigeargumente und (vermeintliche) strategische Aspekte verstellen den Blick auf die Realitäten. Umgekehrt kann aber nicht alles nur aufgrund reiner Zahlenarithmetik entschieden werden. Eine neue Einrichtung bedeutet z. B. auch einen wichtigen Wettbewerbsvorteil, der schwer zu quantifizieren ist. Und im Vorfeld einer Investition sind Sie immer auf Annahmen und Prognosen angewiesen, wie sich diese Neuanschaffung kostenmäßig auswirken wird. Prognosen können aber auch daneben liegen! Deshalb: Eine Investitionsentscheidung ruht auf mehreren Füßen. Einer davon, zugegebenermaßen ein wichtiger, ist die unvoreingenommene Prüfung der finanziellen Faktenlage.

Eine Investition muss folgende Kosten mindestens erwirtschaften, ansonsten trägt sie sich nicht einmal selbst:

- die unabwendbaren, laufenden Betriebskosten, wie Strom, Wasser, Verbrauchsmaterial usw.,
- die Aufwendungen für Wartung und Instandhaltung,
- ggf. der mit der Investition direkt assoziierte, laufende Personalaufwand,
- die Kapitalkosten, bestehend aus Tilgungen (oder auch Abschreibungen bzw. effektivem Wertverlust, je nach Betrachtungsart) und Zinsen,
- möglicherweise anteilige Raumkosten für diese Investition.

Erst, was mit dem Investitionsgut darüber hinaus erwirtschaftet wird, kann als gewinnbringend gelten.

Zu unterscheiden ist dabei der operative Gewinn, also das, was die Investition nach Abzug aller tatsächlich in Geld anfallenden Kosten noch erbringt, und dem kaufmännischen Gewinn, welcher zusätzlich noch um die Abschreibungen und ggf. andere, lediglich kalkulatorisch anfallende Kosten reduziert wird.

Letztlich muss die Investition auch ihre Abschreibungen (bzw. den tatsächlichen Wertverlust) verdienen; andernfalls bauen Sie Werte ab, und spätestens bei einer Ersatzbeschaffung nach x Jahren erkennen Sie das.

6.2 Statische Rechnung

Bei der statisch orientierten Investitionsrechnung saldieren Sie jeweils die gesamten, jährlichen Aufwendungen und Erträge Ihrer Investition. Dies geschieht über die Jahre hinweg bis zur vollständigen Abschreibung bzw. bis zu einer Ersatzbeschaffung. Dazu rechnen Sie die jeweiligen Jahresüberschüsse bzw. -verluste zusammen. Diese Gesamtsumme sollte positiv sein, sonst wirft die Investition keinen Gewinn ab. Auf die Seite der Kosten gehören hier die Abschreibungen (bzw. der effektive Wertverlust) sowie die Zinsen – ggf. kalkulatorisch für das Eigenkapital angesetzt – dazu.

Beispiel:

Es soll eine Salbenmaschine für die Rezeptur angeschafft werden. Preis komplett: 2000 Euro. Betrachteter Zeitraum 5 Jahre, Restwert dann gleich null. Pro Rezeptur sollen 10 Minuten Arbeitszeit eingespart werden, bei 2 geeigneten Rezepturen am Tag (= ca. 500 pro Jahr). Eine Minute Arbeitszeit sei mit 25 Cent kalkuliert. Pro Rezeptur bedeutet das eine Ersparnis von 2,50 Euro, mithin 1250 Euro p.a. Die laufenden Kosten der Maschine seien großzügig mit 100 Euro im Jahr anzusetzen. Die Abschreibung (Wertverlust) beträgt bei 5 Jahren Nutzungsdauer 400 Euro p.a. Die 2000 Euro seien (relativ teuer) fremdfinanziert und verursachen durchschnittlich 150 Euro Zinsen pro Jahr.

Was einem das Gefühl schon sagt: Diese Investition erwirtschaftet ein klar positives Ergebnis (s. Tab. 6.1), verdient auch die Zinsen und Abschreibungen sehr gut.

Tab. 6.1: Beispiel einer statisch orientierten Investitionsrechnung

Jahr	Ertrag (Ersparnis)	eff. Kosten, Zinsen + AfA	kaufmänn. Gewinn
1	1250,-	650,-	600,-
2	1250,-	650,-	600,-
3	1250,-	650,-	600,-
4	1250,-	650,-	600,-
5	1250,-	650,-	600,-
Σ:	6250,-	3250,-	3000,-

6.3 Dynamische Rechnung

Im Vergleich zur statischen Investitionsrechnung werden hier die Jahresüberschüsse oder -verluste nicht einfach nur saldiert, sondern mit einem Abschlag für die Zukunft versehen – umso stärker, je weiter die Beträge in der Zukunft liegen. Sie werden auf den heutigen Zeitpunkt abgezinst, mit einem Kapitalisierungszinsfuß p. Dann ergibt sich ein Barwert BW der Investition in Höhe von K_0 von:

$$BW = -K_0 + \frac{RW_n}{(1+i)^n} + \sum_{t=1}^{n} \frac{OG_t}{(1+i)^t}$$

wobei RW der Restwert am Ende der betrachteten Laufzeit (n Jahre) ist, OG sind die operativen Gewinne (hier werden keine Abschreibungen berücksichtigt, sondern nur die tatsächlich in Geld angefallenen Erträge, Ersparnisse und Kosten), und i ist der als Anteil ausgedrückte Kalkulationszinssatz in Höhe von p/100 (das heißt, dass z. B. p = 9 % als i = 0,09 eingesetzt wird). Die Laufvariable t bezeichnet das jeweilige Jahr.

Letztlich müssen die in den einzelnen Jahren angefallenen operativen Gewinne (Verluste werden negativ angesetzt) einzeln abgezinst werden, und das geschieht mittels Division durch $(1 + i)^t$. Anschließend werden die erhaltenen Werte über die einzelnen Jahre von 1 bis n aufaddiert (Summenzeichen). Der Restwert RW wird ebenfalls abgezinst und dazu addiert. Überragt dies alles den eingangs investierten Betrag K_0, dann ist der Barwert positiv – die Investition hat auch ihre Zinsen p (bzw. i) verdient.

Achtung: Die Abschreibungen und Zinsen werden hier nicht in die Kosten einbezogen! Grund: Für einen positiven Barwert müssen die Anschaffungskosten durch die Überschüsse übertroffen werden, dieser Betrag ist also bereits enthalten und muss nicht durch Abschreibungen gegenfinanziert werden. Die Zinsen werden durch den – frei wählbaren – Kapitalisierungszinssatz berücksichtigt.

Beispiel:

Wir nehmen wiederum obige Salbenmaschine. Es soll ein Kapitalisierungszinssatz von 10 % (i = 0,10) zu Grunde gelegt werden. Dann sieht die Lage wie in Tabelle 6.2 dargestellt aus. Von der Summe der Barwerte der Gewinne ist der Anschaffungswert von 2000 Euro abzuziehen. Dann bleiben immer noch 2359,40 Euro als effektiver Barwert der Investition übrig – ein klar positives Ergebnis, wenn auch etwas gemindert gegenüber der statischen Betrachtungsweise.

Komplizierter ist die Berechnung des Kalkulationszinssatzes und damit die Beantwortung der Frage, wie hoch die Rentabilität der Investition ist. Diese kann entweder durch Iteration (kontinuierliche Annäherung durch Einsetzen geeigneter Werte) geschehen, auf einen Barwert von null hin; eine Alternative besteht in der Benutzung von Tabellenkalkulationsprogrammen wie Microsofts Excel, die eine Rückrechnung (Zielwertsuche) gestatten. Der Zinssatz beträgt für obiges Beispiel übrigens stolze 49,9 %, mit dem sich die Salbenmaschine rechnet!

Tab. 6.2: Beispiel einer dynamischen Investitionsrechnung

Jahr	Ertrag (Ersparnis)	Effektive Kosten	Operativer Gewinn	Barwert abgezinst
1	1250,–	100,–	1150,–	1045,45
2	1250,–	100,–	1150,–	950,41
3	1250,–	100,–	1150,–	864,01
4	1250,–	100,–	1150,–	785,47
5	1250,–	100,–	1150,–	714,06
Σ:	6250,–	500,–	5750,–	4359,40

6.4 Umbau: Wie viel Mehrumsatz erfordert er?

Eine der in der Praxis häufigsten Fragestellungen ist die nach der Rentabilität einer neuen Einrichtung: Welcher Mehrumsatz ist mindestens erforderlich, damit die Anschaffung lohnenswert ist? Im Vergleich zur bisherigen Einrichtung sind es die Kapitalkosten, die den Unterschied machen; möglicherweise kommen noch Entlastungen durch kürzere Wege etc. hinzu (die schwer zu quantifizieren sind), auf der Kostenseite können z.B. höhere Stromkosten wegen einer helleren Beleuchtung zu Buche schlagen. Der Rechengang:

a) Kostensaldo aus zusätzlichen Kosten und möglichen Entlastungen bzw. Einsparungen bilden:
Zusätzliche Kosten – Entlastungen und Einsparungen
= Kostensaldo

b) Kapitalkosten ermitteln:
Variante 1: effektive, jährliche Kosten (Rate R_i) eines Kredites zur vollständigen Finanzierung mit Zins und Tilgung ansetzen, z.B. nach der Näherungsformel für ein Annuitätendarlehen mit konstanten Abzahlungsraten:

$$R_i = \frac{K}{n} + \frac{2}{3} \cdot \frac{p}{100} \cdot K$$

K = Kreditbetrag, p = Zinssatz p.a., n = Laufzeit, die Laufzeit wird idealerweise ähnlich lange wie die Nutzungszeit angesetzt.

Variante 2: Über den Ansatz eines kalkulatorischen Zinssatzes p_k (bei Eigenkapitaleinsatz) und der Abschreibungen über n Abschreibungsjahre:

$$R_i = \frac{K}{n} + \frac{p_k}{100} \cdot K$$

Teilweise wird die Auffassung vertreten, die Zinsen nur auf das halbe, eingesetzte Kapital zu berechnen (oder aber den halben Zinssatz anzusetzen) – denn die Einrichtung verliert an Wert; bei Abschreibung bis auf null stehen durchschnittlich nur die halben Anschaffungskosten zu Buche. Ist noch ein Restwert zu erwarten, wird für K der Mittelwert aus Anschaffungswert und Restwert verwendet.

Wenn Sie hingegen großzügiger rechnen, um in jedem Falle auf der sicheren Seite zu sein, dann kalkulieren Sie mit dem gesamten Kapitaleinsatz über die Laufzeit.

c) Gesamtaufwand bilden:
Gesamtaufwand = Kostensaldo + Kapitalkosten

Dieser Gesamtaufwand muss durch einen Mehrumsatz MU gedeckt werden. Mit der Handelsspanne S in Prozent ergibt sich der erforderliche Mehrumsatz zu:

$$MU = \frac{Gesamtaufwand}{S} \cdot 100$$

Beispiel:

Eine neue Einrichtung koste 120 000 Euro. An zusätzlichem Aufwand fallen 2000 Euro Stromkosten p.a. an, die Entlastungen seien nicht angebbar. Die Einrichtung wird über 12 Jahre fremdfinanziert zu 6 % Zinsen. Wie hoch ist der erforderliche Mehrumsatz, bei 27,5 % Handelsspanne?

Lösung: Gesamtaufwand = 2000 Euro + 14 800 Euro Kapitalkosten (Annuitätendarlehen, Näherungsformel) macht 16 800 Euro Kosten; Mehrumsatz = 16 800/0,275 = mindestens etwa 61 100 Euro p.a.; dann werden alle Kosten (vor Steuern) gedeckt, die Einrichtung kann abbezahlt werden. Ein Gewinn im eigentlichen Sinne fällt jedoch nicht an. Die steuerliche Rechnung sieht u. U. spürbar anders aus, wenn die Tilgungen des Kredites und die steuerlich wirksame AfA sich deutlich unterscheiden.

6.5   Pay-back-Zeit

Die Pay-back-Zeit (t_{pb}) ist die Zeit, die benötigt wird, um die Anschaffungskosten des Investitionsgutes aus dem jährlichen, operativen Gewinn (Jahresüberschuss), der durch die Investition bewirkt wird, zu bestreiten. Auf der Kostenseite erscheinen dabei nur die tatsächlich anfallenden Beträge, also keine kalkulatorischen Ansätze wie z. B. die Abschreibungen.

$$t_{pb} = \frac{\text{Investitionsbetrag}}{\text{Jahresüberschuss}}$$

Es ergibt sich ein Wert in Jahren, der auch als **Amortisationszeit** bezeichnet wird. Übliche Zeiten liegen bei unter zwei bis maximal fünf Jahren. Längere Zeiten sind zumindest im industriellen Bereich stets mit Fragezeichen zu werten.

6.6 ROI – Return On Investment

Der ROI-Wert ist gleichfalls ein gern herangezogenes Kriterium für die Rentabilität einer Investition und gibt letztlich die Verzinsung des eingesetzten Kapitals in Prozent an (wobei zwischen Eigen-, Fremd- und Gesamtkapital unterschieden werden kann). Er ist letztlich ähnlich wie die Kapitalrentabilität zu sehen.

$$ROI = \frac{\text{Gewinn} + \text{Fremdkapitalzinsen}}{\text{Investitionskapital}} \cdot 100\,\%$$

Wie setzt sich der Gewinn zusammen?
Es handelt sich hier um den Ertrag, den die Investition hervorbringt. Dieser wird um alle in Geld anfallenden Kosten (einschließlich eventueller Fremdkapitalzinsen) vermindert, und weiterhin um die Abschreibungen bzw. den tatsächlichen Wertverlust.

Die Fremdkapitalzinsen werden dann dem Gewinn wieder zugeschlagen – sie hatten ihn ja vorher gemindert. Da die reine Kapitalverzinsung ermittelt werden soll, müssen die Zinszahlungen an die Bank entweder von vornherein aus dem Gewinn herausgenommen oder aber wie oben in der Formel wieder zugerechnet werden.

Ausführliches Beispiel:

Apotheker K. überlegt, einen Kommissionierautomaten anzuschaffen. Die Gesamtkosten einschließlich der erheblichen Umbaumaßnahmen sollen rund 250 000 Euro betragen. Die laufenden Kosten für Wartung und Reparaturen liegen bei 10 000 Euro p.a., die Stromkosten machen 2000 Euro im Jahr aus. Der Anschaffungsbetrag soll komplett fremdfinanziert werden, zu 6 % auf 10 Jahre (Annuitätendarlehen, konstante Raten). Die Abschreibungen sollen sich daran anlehnen und ebenfalls über 10 Jahre hinweg linear erfolgen. Der Restwert nach dieser Zeit wird sicherheitshalber mit Null angesetzt.

Zu den Einnahmen und Vorteilen:

Apotheker K. will etwa 30 Wochenstunden im Helferinnenbereich einsparen (= ca. 20 000 Euro p.a.), im HV-Bereich rechnet er mit einer Entlastung von etwa 10 000 Euro im Jahr. Infolge des Umbaus mit erweiterter Frei- und Sichtwahlfläche sowie aufgrund der schnelleren Bedienweise rechnet er mit 100 000 Euro Mehrumsatz (= ca. 30 000 Euro Rohgewinn).

Wie rechnet sich die Investition?

Lösung:

Die Kapitalkosten für das Annuitätendarlehen betragen knapp 34 000 Euro p.a. (Zins und Tilgung am Jahresende, einigermaßen exakt berechnet mit der Formel laut Kap. 1.3.10). Der durchschnittliche Zinsanteil beträgt damit 34 000 Euro minus 250 000 Euro/10 Jahre = 9000 Euro p.a., der Tilgungsanteil 25 000 Euro (und dieser ist gleich der Abschreibung).

Die laufenden Kosten addieren sich zu 12 000 Euro im Jahr. Die Kostensumme beträgt damit 46 000 Euro für Kapital und Unterhaltung.

Dem stehen 20 000 Euro + 10 000 Euro + 30 000 Euro = 60 000 Euro p.a. an Ersparnissen bzw. Mehrerträgen gegenüber.

Das führt zu einem Gewinn von

$$
\begin{array}{rl}
& 60\,000 \text{ Euro} \\
- & 46\,000 \text{ Euro} \\
\hline
& 14\,000 \text{ Euro Gewinn} \\
+ & 25\,000 \text{ Euro Abschreibungen} \\
\hline
& 39\,000 \text{ Euro operativer Gewinn (Periodenüberschuss)}
\end{array}
$$

Rechnet man die Abschreibungen (= Tilgungen) wieder hinzu, ergibt sich ein operativer Gewinn (Periodenüberschuss) von den erwähnten 39 000 Euro.

Daraus lassen sich jetzt die Investitionskennzahlen ermitteln:

a) ROI, Return on Investment

$$
\text{ROI} = \frac{\text{Gewinn} + \text{Fremdkapitalzinsen}}{\text{Investitionskapital}} = \frac{14\,000 + 9\,000}{250\,000} \cdot 100\,\%
$$
$$
= 9,2\,\%
$$

Das ist kein schlechter, aber auch kein überzeugender Wert.

b) Pay-back-Zeit

$$
t_{pb} = \frac{\text{Investitionsbetrag}}{\text{Jahresüberschuss}} = \frac{250\,000}{39\,000} = 6,4 \text{ Jahre}
$$

Diese Zeit ist recht lang; üblicherweise sollte dieser Wert unter 5 Jahren liegen; dennoch: Katastrophal ist das Ergebnis nicht. Beachten Sie, dass hier der Überschuss (operativer Gewinn) angesetzt wird, nicht der Gewinn nach Abschreibungen.

c) Weitere Betrachtungen

Die dynamische Rechnung nach Kap. 6.3 ergibt folgenden, in der Tabelle 6.3 dargestellen Barwert der Investition (der kalkulatorische Kapitalisierungszinssatz sollen die erwähnten 6% sein, zum Vergleich sind 10% ebenfalls berechnet).

Tab. 6.3: Beispiel einer statisch orientierten Investitionsrechnung

Jahr	Operativer Gewinn (OG) plus Zinsen	Barwert des OG 6% kalkulat. Zins	Barwert des OG 10% kalkulat. Zins
1	48 000	45 283	43 636
2	48 000	42 720	39 669
3	48 000	40 302	36 063
4	48 000	38 020	32 785
5	48 000	35 868	29 804
6	48 000	33 838	27 095
7	48 000	31 923	24 632
8	48 000	30 116	22 392
9	48 000	28 411	20 357
10	48 000	26 803	18 506
Σ:	480 000	353 284	294 939
– Invest.-Betrag =	– 250 000	– 250 000	– 250 000
= Barwert	+ 130 000	+ 103 284	+ 44 939

Die Investition erbringt selbst bei 10% Kalkulationszinssatz noch einen positiven Barwert. Sie ist somit auf diesem Niveau rentabel. Der eingesetzte operative Gewinn plus Fremdkapitalzinsen (!) von 48 000 Euro errechnet sich, indem die effektiv angefallenen Fremdkapitalzinsen von 9000 Euro p.a. dem oben verwendeten Wert von 39 000 Euro zugeschlagen werden. Die Zinsen fließen bereits durch die Abzinsung (Barwertberechnung) in die Rechnung ein.

Nebenbei: Eine iterative Rückrechnung, z. B. mit der Zielwertsuchfunktion im Tabellenkalkulationsprogramm Excel, ergibt einen Kalkulationszinssatz von 14,04% auf den Barwert null – ein recht ordentlicher Wert. Er ist jedoch nicht mit dem ROI zu verwechseln. Dieser basierte auf einer statischen Betrachtung eines Jahres.

Abschließende Bewertung:
Die vorliegende Investition rechnet sich für Apotheker K. Zwar liefern ROI und Pay-back-Zeit keine Traummarken, der Barwert der Investition bzw. der interne Kalkulationszinssatz sieht jedoch nicht schlecht aus.

Wie bei jeder Zukunftsbetrachtung, stellt sich die Frage, inwieweit die Einsparungen und Mehrumsätze tatsächlich erreicht werden. Es ist daher empfehlenswert, auch ein »worst case«-Szenario aufzustellen, und zu berechnen, ob Sie dann immer noch zumindest mit einem blauen Auge davonkommen.

7 STEUERN

Darum geht es in diesem Kapitel:

√ Einkommensteuer
√ Gewerbesteuer
√ Kirchensteuer
√ Betriebsverkauf

7.1 Einkommensteuer

Der Kompromiss für 2004 sieht einen Eingangssteuersatz von 16% und einen Spitzensteuersatz von 45% vor (s. Tab. 7.1).
Ab 2005 sinken die Sätze auf 15% bzw. 42% – sofern nicht doch noch anders entschieden wird.

Tab. 7.1: Die wichtigsten Eckdaten im Vergleich

	2003	2004	2005
Eingangssteuersatz	19,9%	16%	15%
Spitzensteuersatz	48,5%	45%	42%
Grundfreibetrag in Euro	7235,-	7664,-	7664,-
Spitzensteuersatz ab ca.	55000,-	52150,-	52150,-

Der Solidaritätszuschlag i. H. von 5,5 % ist der jeweiligen Einkommensteuer noch hinzu zu schlagen.

Damit betragen die tatsächlichen Spitzensteuersätze 51,2 %, 47,5 % und 44,3 % für die dargestellten Jahre. Für Verheiratete verdoppeln sich die Grundfreibeträge sowie die Beträge, ab denen der Spitzensteuersatz fällig wird.

Bemessungsgrundlage ist das **zu versteuernde Einkommen,** welches in aller Regel deutlich niedriger als die tatsächlichen Einkünfte ausfällt, da Freibeträge, Vorsorgepauschalen, individuelle Sonderausgaben und Werbungskosten diesen Betrag drücken (s. a. Einkommensberechnung unter Kap. 8.1).

Berechnung

Die Steuerberechnung ist in mehreren Stufen mit den Zwischenwerten Y und RW durchzuführen, und geht vom zu versteuernden Einkommen ZVEK aus (Formeln für 2004):

a) ZVEK amtlich runden:

ZVEK durch 36 teilen, die Nachkommastellen runden, wieder mal 36 nehmen und den Wert 18 addieren. Dieser Schritt kann auch unterbleiben, die Fehler sind gering.

b) Rechengang für ein ZVEK < 12 740 Euro und größer als der Grundfreibetrag von 7 664 Euro (darunter: Steuer = 0):

$$Y = \frac{ZVEK - 7664}{10\,000}$$

$$RW = 793,1 \cdot Y + 1600$$

$$\text{Einkommensteuer} = RW \cdot Y$$

c) Rechengang für ein ZVEK $\geq$ 12 740 Euro und kleiner als 52 152 Euro:

$$Y = \frac{ZVEK - 12739}{10000}$$

$$RW = 265,78 \cdot Y + 2405$$

$$\text{Einkommensteuer} = RW \cdot Y + 1016$$

d) Rechenformel für ein ZVEK $\geq$ 52 152 Euro (Spitzensteuerbereich):

$$\text{Einkommensteuer} = ZVEK \cdot 0,45 - 8845$$

Das ist reichlich kompliziert und zeigt die Systematik unseres Systems. Die Formeln liefern die Grundbeträge für Ledige. Der Solidaritätszuschlag (5,5 %) ist separat aufzuschlagen. Beim Ehegatten-Splitting wird das ZVEK halbiert, damit wie oben gerechnet, doch dann wird der so erhaltene Steuerbetrag schließlich wieder verdoppelt. Die Formeln für 2005 sehen analog aus, nur die Rechenfaktoren sowie Grenzbeträge weichen ab.

Abgekürzte Einkommensteuer-Tabellen für 2004 und 2005 finden sich im Tabellenanhang.

Tipps für die Praxis:

7.2 Gewerbesteuer

Die Höhe der Gewerbesteuer (exakt: Gewerbeertragsteuer GewSt
im Gegensatz zur hier unbedeutenden Gewerbekapitalsteuer) ist
ortsabhängig. Mittels des so genannten **Hebesatzes** können die
Gemeinden über die Höhe dieser Steuer mitbestimmen. Das
Tauziehen im Herbst 2003 um eine neue »Gemeindewirtschaftssteuer« ist vorerst beendet – es bleibt alles weitgehend beim
Alten.

Berechnung:
Besteuerungsgrundlage ist der Gewerbeertrag:

	Steuerbilanz-Gewinn
+	Hinzurechnungen: z.B. 50% der Zinsen auf Dauerschulden
–	Kürzungen, z.B. 1,2% des Einheitswertes des zum Betriebs-vermögen gehörenden Grundbesitzes
=	Gewerbeertrag

Die Gewerbesteuer wird nun in einer Art Stufentarif (für Personengesellschaften und Gewerbebetriebe von natürlichen Personen) ermittelt. Hierzu dient die Steuermesszahl:

Gewerbeertrag bis

24 500 Euro	0 % (Freibetrag)
24 501 bis 36 500 Euro:	1 %
36 501 bis 48 500 Euro:	2 %
48 501 bis 60 500 Euro:	3 %
60 501 bis 72 500 Euro:	4 %
ab 72 501 Euro:	5 %

Die Staffelung erfolgt also in 12 000 Euro-Schritten.
Für Kapitalgesellschaften (AG, GmbH) gelten pauschal 5 % als Messzahl.

Obige Messzahl MZ wird mit dem Hebesatz HS der Gemeinden (in %, z. B. 400 %) multipliziert und durch 100 dividiert. Dies ergibt den Prozentsatz an Gewerbesteuer auf den jeweiligen Gewerbeertrag innerhalb der obigen Stufung. Die Berechnung erfolgt also gestuft (siehe Beispiel). Die Hebesätze variieren zwischen etwa 300 % und 500 %. Großstädte liegen meist deutlich über 400 %.

Beispiel:

Gewerbeertrag = 70 000 Euro, Hebesatz HS = 400 %.

Lösung siehe Tabelle 7.2.

Tab. 7.2: Beispiel einer Gewerbesteuerberechnung

Gewerbe- ertrag in Euro	Messzahl MZ	MZ x HS/100	Gewerbe- steuer
bis 24 500	0 %	0 %	0,-
24 501 bis 36 500	1 %	4 %	480,-
36 501 bis 48 500	2 %	8 %	960,-
48 501 bis 60 500	3 %	12 %	1 440,-
Rest bis 70 000 (= 9500)	4 %	16 %	1 520,-
Summe:			**4 400,-**

Die Gewerbesteuer ist als **Betriebsausgabe abziehbar** und mindert damit das zu versteuernde Einkommen (Änderungen waren geplant, sind jedoch vorerst abgewendet).

Zusätzlich ist sie begrenzt auf die Einkommensteuer anrechenbar (mindert diese also direkt), allerdings nur mit dem 1,8fachen des Messbetrages. Dieses Herunterrechnen geht jedoch nur bis auf minimal null bei der Einkommensteuer (Sie bekommen also nichts heraus, wenn ein negativer Überhang rechnerisch entstehen sollte). Der Messbetrag ergibt sich, wenn der Hebesatz aus der Gewerbesteuer herausgerechnet wird.

Beispiel:

Gewerbesteuer = 4400 Euro, Hebesatz = 400 %. Messbetrag = 4400 Euro durch 400 % mal 100 % = 1 100 Euro. 1,8facher Messbetrag = 1980 Euro = mit der Einkommensteuer direkt verrechenbar.

Tipps für die Praxis:

Girokonto
Vermeiden Sie, Ihr Girokonto dauerhaft im Minus zu halten – dann wird auf die sowieso schon hohen Zinsen zur Hälfte Gewerbesteuer fällig. Weist das Konto jedoch an mehr als 8 Tagen im Jahr ein Plus auf, gilt das übrige Minus nicht als steuerschädliche Dauerschuld.

Eventuelle **Gewerbeverluste** (negative Gewerbeerträge, vor GewSt) nach obigen Rechnungen sind unter bestimmten Bedingungen im Folgejahr anrechenbar.

7.3 Kirchensteuer

Bemessungsgrundlage ist die Einkommensteuer – doch nicht die effektiv zu zahlende, sondern die Einkommensteuer, die sich ergeben würde, wenn
- die Kinderfreibeträge berücksichtigt würden (auch wenn Kindergeld gezahlt wird),
- die Gewerbesteueranrechnung nicht wäre,
- gewisse, steuerfrei bleibende Einkünfte wie z.B. manche (Teil-)Dividenden dem Einkommen hinzuzurechnen wären.

Die Kirchensteuer beträgt, je nach Bundesland, 8% oder 9% der nach obigem Muster korrigierten Einkommensteuer. Die Kirchensteuer wiederum ist als Sonderausgabe unbegrenzt abzugsfähig, mindert also ihrerseits das zu versteuernde Einkommen (und »kostet« daher oft nur etwa die Hälfte).

Übersteigt die Kirchensteuer etwa 3% bis 4% des zu versteuernden Einkommens (je nach Bundesland), so kann sie in den meisten Bundesländern auf Antrag gekappt werden.

7.4 Betriebsverkauf

Beim Betriebsverkauf, dessen Erlöse als außerordentliche Einkünfte gelten, können unter unten genannten Voraussetzungen steuerliche Erleichterungen in Anspruch genommen werden – nämlich die Anwendung des »halben Steuersatzes« sowie ein Freibetrag i.H. von bisher 51 200 Euro.

Der Freibetrag schmilzt aber bei höheren Veräußerungsgewinnen ab 154 000 Euro kontinuierlich ab – ab 205 000 Euro Veräußerungsgewinn wirkt er gar nicht mehr.

Aktuelles Update: Ab 2004 werden die Beträge im Zuge des »Subventionsabbaues« auf 45 000 Euro Freibetrag sowie 136 000 Euro »Kappungsgrenze« gekürzt. Damit wirkt ab Veräußerungsgewinnen von 181 000 Euro der Freibetrag nicht mehr. Der »halbe Steuersatz« beträgt nicht mehr 50%, sondern 56% des ansonsten zu entrichtenden Steuersatzes (mindestens aber der Eingangssteuersatz). In 2005 ist möglicherweise mit einer weiteren Kürzung der Freibeträge (angedacht: um 12%) zu rechnen.

> **Beispiel:**
>
> Veräußerungsgewinn = 170 000 Euro; der Freibetrag reduzierte sich bisher um 170 000 minus 154 000 = 16 000 Euro auf noch 35 200 Euro. Ab 2004 beträgt der Kürzungsbetrag 170 000 minus 136 000 = 34 000 Euro, um die der neue Freibetrag von 45 000 Euro abschmilzt. Es verbleiben also lediglich 11 000 Euro, die nicht der Besteuerung unterliegen.

Voraussetzungen für die steuerliche Vergünstigung des »halben Steuersatzes« sowie des Freibetrages:
- nur auf Antrag,
- nur einmal im Leben ab 2001,
- über 55 Jahre alt oder dauerhaft berufsunfähig im Sinne der Sozialversicherung,
- Veräußerungsgewinn bis 5 Mio. Euro,
- bei mehreren Veräußerungen im Jahr nur für einen Verkauf ansetzbar,
- in jedem Falle ist aber der Eingangssteuersatz fällig (in 2004: 16 %).

Kommen oben genannte Voraussetzungen nicht zum Tragen, ist der Veräußerungsgewinn zusätzlich zu den sonstigen Einkünften voll zu versteuern, allerdings unter Anwendung der »Fünftel-Regel«. Selbst wenn Sie den »halben Steuersatz« beanspruchen dürften, können Sie für die Fünftelregelung optieren (Wahlrecht). Bei sehr niedrigen, zu versteuernden Einkünften kann diese u. U. günstiger sein, da beim »halben Steuersatz« in jedem Falle der

Eingangssteuersatz fällig wird und er deshalb eben kein halber mehr ist.

Wie errechnet sich der Veräußerungsgewinn?

    Veräußerungserlös

+ Zeitwert der in das Privatvermögen überführten Wirtschaftsgüter (z. B. Betriebs-Pkw, Computer etc.)

– Buchwert dieser in das Privatvermögen überführten Wirtschaftsgüter

– Buchwert sonstiger, veräußerter Wirtschaftsgüter

– Veräußerungskosten (Anzeigen, Makler, damit zusammenhängende Steuerberatung, aber auch z. B. eine Vorfälligkeitsentschädigung zur vorzeitigen Ablösung eines Betriebsdarlehens usw.)

= Veräußerungsgewinn

Das Warenlager ist insoweit in aller Regel nicht von nennenswerter, steuerlicher Relevanz, da es im Wesentlichen zu den Einstandspreisen weiterverkauft wird.

Was bedeutet die Fünftel-Regel?

Der Veräußerungsgewinn wird rechnerisch auf fünf Jahre verteilt. Ein Fünftel dieses Gewinnes wird dem Einkommen im Veräußerungsjahr zugeschlagen; es ergibt sich eine fiktive Steuerschuld S1; ohne diese Zurechnung ergäbe sich eine Steuerschuld S2; die Differenz S1 minus S2 wird mit fünf multipliziert und stellt die Steuer auf den Verkauf dar.

Diffiziler wird es, wenn negative Einkünfte (Verluste aus verschiedensten Gründen) verrechnet werden sollen. Dies ist u.U. nur begrenzt möglich. Bei hohen, laufenden Einkommen, die in den Spitzensteuersatz hineinragen, bietet die Fünftel-Regelung keinerlei Vorteil.

Für die Details und angesichts der zur Disposition stehenden Beträge ist eine eingehende, steuerliche Beratung dringend anzuraten! So lässt sich allein durch richtiges Timing (Verkauf wirksam in einem Jahr mit niedrigen Einkünften, z.B. am Jahresanfang bei Beginn der Rente) schon eine Menge Geld sparen.

8 ABSCHREIBUNGEN

Darum geht es in diesem Kapitel:
√ Lineare Abschreibung
√ Degressive Abschreibung
√ Linear-degressive Abschreibung
√ Sonderabschreibungen
√ Monatsgenaue, unterjährige Abschreibung

8.1 Vorbemerkungen

Abschreibungen auf Wirtschaftsgüter (Absetzung für Abnutzung, AfA) mindern das zu versteuernde Einkommen. Abgesehen von den geringwertigen Wirtschaftsgütern (GWG) bis zu einem Wert von 410 Euro netto ohne Mehrwertsteuer, sind höherwertige Güter in aller Regel über einen bestimmten Abschreibezeitraum entweder linear in gleichen Raten oder aber degressiv in fallenden Raten (d. h., in Höhe eines bestimmten Prozentsatzes vom jeweiligen Restbuchwert, zzt. maximal 20 % bei Anschaffungen ab 2001, davor 30 %) steuerlich abzuschreiben. Ein Übergang von der degressiven auf die lineare Abschreibung ist nach bestimmten Zeiträumen möglich. Der sich aus diesen Abschreibungen ergebende Restwert ist der in der Bilanz auftauchende Buchwert (der in der Regel nicht identisch mit dem tatsächlich zu erlösenden

Wert ist). Bei einem Verkauf des Wirtschaftsgutes wirkt der diesen Buchwert übersteigende Erlös gewinnerhöhend im jeweiligen Jahr; kann der Buchwert hingegen nicht erzielt werden, ist die Differenz gewinnmindernd.

Besonderheiten und Beachtenswertes:

- Nicht abschreibbar sind z. B. Grundstückswerte (ggf. anteilig aus dem Immobilienwert herauszurechnen).
- Geschäftswerte (immaterielle Vermögensgegenstände) sind abschreibbar, allerdings nur linear. Der Regelzeitraum ist mit 15 Jahren vorgesehen.
- Die sofortige Absetzbarkeit als geringwertiges Wirtschaftsgut (GWG) greift **nicht**, wenn das jeweilige Gerät bzw. Produkt nicht für sich alleine betreibbar ist, sondern nur im Zusammenwirken mit einer höherwertigen, über einen längeren Zeitraum abzuschreibenden Anschaffung. Beispiele: Computerperipherie wie Drucker, Scanner etc., diese Geräte müssen zusammen mit dem Rechner über mehrere Jahre (z. B. 3) abgeschrieben werden.
- Als Grundlage für die Ermittlung der Abschreibefristen dienen so genannte AfA-Tabellen des Bundesfinanzministeriums, wobei es eine allgemein anwendbare Tabelle sowie spezielle Branchentabellen gibt. Hier ist die gewöhnliche Nutzungsdauer, über die hinweg abgeschrieben werden sollte, verzeichnet. Die Erstellung der Branchentabellen ist zzt. zurückgestellt worden.
- Längere als die aufgeführten Abschreibefristen sind kein Problem. Nach dem Steuergrundsatz der Glaubhaftigkeit können hingegen auch kürzere Fristen geltend gemacht werden, sofern

Tab. 8.1: Übliche Abschreibezeiträume (Quelle: Bundesfinanzministerium)

Abzuschreibendes Gut	Gewöhnliche Nutzungsdauer ND in Jahren
Computer (PC, Notebooks, Peripheriegeräte wie Drucker etc.)	3
Foto-, Film-, Video- und Audiogeräte (Fernseher, CD-Player, Kameras etc.)	7
Präsentationsgeräte (Beamer, Overheadprojektor)	8
Registrierkassen	6
Kommunikationsendgeräte, allgemein	8
Kommunikationsendgeräte, Mobilfunk	5
Textendeinrichtungen (Faxgeräte u. Ä.)	6
Kühlschränke	10
Laborgeräte (Mikroskope, Präzisionswaagen u. Ä.)	13
Desinfektionsgeräte, Sterilisatoren	10
Verpackungsmaschinen, Folienschweißgeräte	13
Ladeneinrichtung, Schaufensteranlagen	8
Lichtreklame; Vitrinen, Schaukästen	9
Warenautomaten (Kommissionierer)	5
Klimageräte (mobil)	11
Labor-, Werkstatteinrichtung	14
Büromöbel	13
Panzerschränke, Tresore	23
Notstromaggregate	19
Betriebs-Pkw	6
Parkplätze, Hofeinfahrten - asphaltiert	19
dto., Schotter, Kies	9
Außenbeleuchtung, Straßenbeleuchtung	19

es dafür plausible Gründe gibt. Dies liegt im Geschick Ihres Steuerberaters.

▨ Immobilien-Abschreibungen sind ein nicht eben einfaches Kapitel für sich. Sie werden deshalb hier nicht weitergehend behandelt.

▨ Nicht immer ist eine möglichst schnelle Abschreibung sinnvoll. Wenn Sie z. B. im Rahmen einer Neugründung Anlaufzeiten mit geringem Einkommen oder gar Verlusten erwarten, kann es von Vorteil sein, die Abschreibungen weiter in die Zukunft zu strecken, wenn nämlich höhere Einnahmen anfallen und der steuermindernde Effekt zum Tragen kommt.

▨ Ihre Abschreibungen und die Tilgungen Ihrer Kredite sollten in etwa eins zu eins aufgehen, und auch die Laufzeiten sollten einigermaßen aufeinander abgestimmt werden.

8.2 Lineare Abschreibung

Hier wird das Investitionsgut linear über mindestens die zulässige Dauer (in Jahren angegeben) abgeschrieben. Es ergeben sich also lineare, jährliche Abschreiberaten (AfA):

$$AfA = \frac{\text{Anschaffungskosten}}{\text{Abschreibedauer}}$$

8.3 Degressive Abschreibung

Bei diesem Modell wird das Wirtschaftsgut in fallenden Raten abgeschrieben, nämlich in Prozentsätzen (degressiven Abschreibesätzen) vom jeweiligen Restbuchwert RBW:

Abschreibung im aktuellen Jahr =

Restbuchwert am Ende Vorjahr x Abschreibesatz/100

Der Restbuchwert RBW am Ende des n-ten Jahres ergibt sich mit den Anschaffungskosten AK zu:

$$RBW = AK \cdot (1 - \frac{Abschreibesatz}{100})^n$$

Merke:

Der degressive AfA-Satz darf das Zweifache des linearen Satzes nicht überschreiten. Beispiel: 20 Jahre AfA-Dauer, linearer Satz damit 5 %, das Zweifache davon = 10 % = maximaler, degressiver Satz. Zudem darf eine gewisse Höchstgrenze (zzt. 20 % bei Neuanschaffungen, bis Ende 2000 waren es noch 30 %) ungeachtet obiger Bestimmung nicht überschritten werden.

Beispiel:

Anschaffungskosten (hier zählen neben dem effektiven (Netto-) Preis auch Beschaffungs- und Lieferkosten dazu) von 100 000 Euro, Abschreibung auf 10 Jahre, Abschreibesatz 20 % (s. Tab. 8.2):

Tab. 8.2: Beispiel einer degressiven Abschreibung

Jahr	Degressive Abschreiberate in Euro	Restbuchwert am Jahresende	Lineare Rest–AfA ab diesem Jahr
1	20 000,00	80 000,00	10 000,00
2	16 000,00	64 000,00	8 888,88
3	12 800,00	51 200,00	8 000,00
4	10 240,00	40 960,00	7 314,29
5	8 192,00	32 768,00	6 826,67
6	6 553,60	26 214,40	6 553,60
7	5 242,88	20 971,52	6 553,60
8	4 194,30	16 777,22	6 990,50
9	3 355,44	13 421,77	8 388,61
10	2 684,35	10 737,42	13 421,77

8.4   Linear-degressive Abschreibung

Bei der degressiven Abschreibung können Sie theoretisch niemals bis auf null abschreiben. Um den Abschreibezeitraum jedoch optimal auszunutzen, wird auf die lineare Abschreibung gewechselt, wenn die linearen Raten (vom dann noch herrschenden Restbuchwert ausgehend!) höher werden als die degressiven. Der Wechsel ist jedoch nur in eine Richtung erlaubt – vom linearen Modell zurück zur degressiven Abschreibung geht nicht.

Beispiel:

Siehe Tabelle 8.2 zur degressiven AfA. Ein Umstieg auf die lineare AfA macht frühestens ab dem 6. Jahr Sinn (hier halten sich lineare und degressive AfA die Waage), ab dem 7. Jahr sind die linearen Raten höher. Beachte, dass die linearen Restabschreibungen vom jeweiligen Restbuchwert aus zu berechnen sind.

8.5 Sonderabschreibungen

Sonderabschreibungen – z.B. 20% für kleinere Betriebe – können zusätzlich zur Normalabschreibung innerhalb der zulässigen Fristen angesetzt werden. Nach deren Ablauf muss der dann erreichte Restbuchwert (der durch die Sonderabschreibungen zusätzlich reduziert wurde) auf die Restabschreibedauer gleichmäßig verteilt werden.

8.6 Monatsgenaue, unterjährige Abschreibung

Bisher war es möglich, nach der Vereinfachungsregel im ersten Halbjahr angeschaffte Güter mit der vollen Rate und danach erworbene mit der halben Rate anzusetzen. Ab 2004 muss nunmehr monatsgenau abgeschrieben werden; der Anschaffungsmonat zählt voll. Wird ein Gut z.B. am 3. März erworben, können $^{10}/_{12}$ der Jahresrate geltend gemacht werden (Januar und Februar zählen nicht mehr). Ein im November erworbenes Gerät kann noch mit $^{2}/_{12}$ berücksichtigt werden. Entsprechend stellen sich dann auch die Restbuchwerte am Jahresende dar.

9 VOM UMSATZ ZUM EINKOMMEN

Darum geht es in diesem Kapitel:
√ Einkommensermittlung und Kennziffern
√ Bilanz

9.1 Einkommensermittlung und Kennziffern

Das Einkommensteuerrecht unterscheidet zwischen verschiedenen Einkunftsarten (Einkünfte aus Gewerbebetrieb, aus selbstständiger Arbeit, aus unselbstständiger Arbeit, aus Land- und Forstwirtschaft, aus Kapitalvermögen, aus Vermietung und Verpachtung, Alterseinkünfte und sonstige, wiederkehrende Bezüge, sonstige Einkünfte). Kommen bei Ihnen mehrere dieser Einkunftsarten zusammen, wird die Rechnung schwieriger, zumal, wenn noch in dem einen oder anderen Einkunftszweig Verluste anfallen, die nur noch begrenzt miteinander verrechenbar sind. Für jede dieser Einkunftsarten existieren zudem besondere Freibeträge, Anrechnungsmöglichkeiten usw., was die Sache nicht einfacher macht. Meist wird aber der Gewerbebetrieb Apotheke das Haupteinkommen erbringen, ergänzt um in der Höhe vernachlässigbare Nebeneinnahmen.

Das zu erwartende Nettoeinkommen kann dann mittels unten stehendem, **einfachem Schema** errechnet werden:

1. Ermittlung des Investitionsvolumens – bei Übernahmen, Neugründungen (Nettowerte einsetzen):

Kaufpreis Apotheke   = _____

EDV-Anlage   = _____

Labor, Literatur, Sonstiges: = _____

Warenlager: = _____

Summe: = _____

2. Einnahmen- und Kostenaufstellung

(Einzusetzen sind jeweils die Nettowerte ohne MwSt.!)

Rohgewinn = Umsatz p.a.:   _____

mal Netto-Spanne: _____ % durch 100   = _____

(a) – Personalkosten (8–14 % v. Umsatz)   = _____

(b) – Betriebs- und Sachkosten ohne Miete

    (ca. 4 % vom Umsatz)   = _____

(c) – Netto-Kaltmiete

    (max. 4,0 % vom Endumsatz nach Anlaufzeit)   = _____

(d) – Zinskosten   = _____

(e) – Sonstiges, Werbekosten   = _____

(f) – Gewerbesteuer (s. S. 108)

    (Neugründung: anfangs i.d.R. null)   = _____

Summe (a)–(f)   = _____

= tatsächliche Gesamtkosten (bzw. Gesamtkostensatz)

= Operativer Gewinn p.a.

(»Brutto-cash-flow«)   = _____

– Abschreibungen   = _____

– Freibeträge (Vorsorgepauschale u.a.;

    verheiratet: mind. 10 000 EUR)   = _____

+ ggf. Hinzurechnungen

(Privatanteil Auto, sonst. Einkünfte usw.)   = _____

= steuerlicher Gewinn   = _____

... Einkommensteuer darauf (s. ESt-Tabelle)   = _____

Operativer Gewinn p.a. (s.o.)   = _____

– Einkommensteuer, siehe oben   = _____

– persönliche Vorsorgebeträge

(Sozialversicherung u. a.)   = _____

– Tilgungen (= Investitionsvolumen

durch ____ Jahre + ggf. Sonstiges)   = _____

+ ggf. Gewerbesteuer-Anrechnung (s. S. 110)   = _____

(= bisher 1,8-facher Messbetrag = Betrag vor Hebesatz;

in erster Näherung, wie Gewerbesteuer oben, vernachlässigbar)

= **Netto-Verfügungsbetrag p.a.**   = _____

Break-even-Abschätzung:

Minimale Personalkosten   = _____

+ Betriebskosten

(Raumkosten, Sachkosten, Versicherungen usw.)   = _____

+ Zinsen   = _____

+ Tilgungen   = _____

+ Persönliche Vorsorge und Steuern   = _____

Summe   = _____

Summe geteilt durch ____ % Nettospanne

x 100 % = **Break-even**   = _____

= minimaler Umsatz zur Kostendeckung, entspricht einem Einkommen von Null.

Anmerkungen zur Gewerbesteuer

Die Gewerbesteuer ist recht aufwändig auf Basis des Gewerbeertrages zu ermitteln (s. Kap. Gewerbesteuer). Sie ist als Betriebsausgabe absetzbar und mindert das zu versteuernde Einkommen. Zudem ist sie bis zu gewissen Höchstgrenzen (dem 1,8fachen Messbetrag) wieder direkt von der Einkommensteuer abziehbar. De facto hat sich damit seit 2001 in vielen Fällen keine nennenswerte Belastung mehr gegeben, diese Steuer war ein durchlaufender Posten, d. h., sie kann in erster Näherung vernachlässigt werden, zumal bei Existenzgründungen. Durchgreifende Änderungen – die Umwidmung in eine »Gemeindewirtschaftssteuer«, keine Anrechnung mehr als Betriebsausgabe, erhöhte Anrechnung mit dem 3,8fachen Messbetrag bei der Einkommensteuer – waren geplant, sind jedoch jetzt bis auf Weiteres auf Eis gelegt worden.

Hinweise und Erläuterungen zum Kalkulationsschema

Der **Rohgewinn (betrieblicher Rohertrag)** ist die Quelle, aus der alle Kosten und der Unternehmerlohn bestritten werden. Er errechnet sich aus dem Umsatz (der stets netto ohne Mehrwertsteuer anzusetzen ist), multipliziert mit der **Nettohandelsspanne** (»Spanne«) in Prozent, dividiert durch 100.

Mit dem Begriff Handelsspanne ist der **Wareneinsatz** verbunden, der die fehlenden Prozent zu 100 % ausmacht und damit Werte um die 70 % annimmt. Dieser Wareneinsatz bezeichnet den Wareneinkauf, korrigiert um Bestandsveränderungen im betrachteten Geschäftsjahr (s. Kap. Warenlager).

Merke:

Teilweise werden im Schrifttum die optisch niedrigeren Brutto-Handelsspannen angegeben. Diese fallen um den Mehrwertsteuerfaktor geringer aus. Zur Umrechnung in Nettowerte sind sie mit 1,16 – bei zzt. 16% Mehrwertsteuer – zu multiplizieren. Der Anteil an Artikeln zum ermäßigten Satz von 7%, der diesen Faktor etwas drückt, kann in aller Regel vernachlässigt werden.

Die **Mehrwertsteuer** ist ein durchlaufender Posten und kann daher bei der Einkommensabschätzung erst einmal außen vor bleiben. Das gilt jedenfalls dann, wenn keine großen Umsatzsprünge von Jahr zu Jahr zu verzeichnen sind. Für die kurzfristige Liquidität ist sie hingegen bedeutsam. Wenn Sie etwas zum Endpreis erwerben, können Sie die enthaltene Mehrwertsteuer (= Vorsteuer) im Rahmen der monatlichen Umsatzsteuer-Voranmeldung geltend machen. Sie wird Ihnen dann in aller Regel im Verlaufe des Folgemonats erstattet. Daher können im ungünstigsten Fall 6 bis 8 Wochen zwischen der Entrichtung der Steuer durch Sie und der Erstattung liegen.

Folglich sind im Berechnungsschema auch alle **Kosten netto** ohne Mehrwertsteuer anzusetzen.

Werden vom Rohgewinn alle tatsächlich in Geld anfallenden Kosten abgezogen, erhalten Sie den **operativen Gewinn** bzw. **Brutto-cash-flow** vor persönlichen Steuern. Dieser Überschuss bildet die Quelle zur Begleichung aller weiteren Lasten (Einkommensteuer, persönliche Vorsorge) und letztlich natürlich für Ihren freien Netto-Verfügungsbetrag, sozusagen Ihr Nettoeinkommen.

In den betriebswirtschaftlichen Auswertungen (BWA) bzw. den Jahresabschlüssen (Gewinn- und Verlustrechnung) ist dieser operative Gewinn oft nicht separat als solcher ausgewiesen, sondern lässt sich aus dem **vorläufigen Ergebnis** (der BWA) bzw. dem **Jahresüberschuss** (ganz am Schluss der G+V-Rechnung) errechnen, indem hier die Abschreibungen wieder hinzuaddiert werden.

Zur Ermittlung des zu **versteuernden Einkommens**, nach dem sich die Einkommensteuer bemisst, muss eine Art Parallelrechnung aufgemacht werden. Vom operativen Gewinn wird all das abgezogen, was weiterhin absetzbar ist. In erster Linie sind das
- die **Abschreibungen** als steuerlich wirksame, »kalkulatorische« Kosten,
- **Freibeträge** aller Art,
- **Vorsorgeaufwendungen** im Rahmen der steuerlich wirksamen und relativ kompliziert zu errechnenden Vorsorgepauschalen (max. rund 5000 Euro für Ledige, 10000 Euro für Verheiratete),
- **Sonderausgaben** (z. B. Unterhaltsleistungen),
- **außergewöhnliche Belastungen** etc.

Hinzurechnungen sind ebenfalls möglich, beispielsweise:
- Nebeneinnahmen,
- Kapitaleinkünfte, Mieteinnahmen,
- geldwerter Vorteil beim privat genutzten Betriebs-Pkw (wie die »1 %-Regel«).

Nach diesem zu versteuernden Einkommen wird die Einkommensteuer (plus Solidaritätszuschlag) berechnet bzw. aus Tabellen abgelesen.

Nun wird wieder der operative Gewinn herangenommen – das ist der zur Verteilung stehende Betrag. Davon werden die Einkommensteuer, die tatsächlichen Vorsorgeaufwendungen für Rente, Kranken- und Pflegeversicherung etc. (die meist weit über den steuerlichen Pauschalen liegen), aber auch die Tilgungen für Ihre Betriebskredite abgezogen. Ggf. rechnen Sie die Gewerbesteueranrechnung auf die Einkommensteuer wiederum dazu. Was dann bleibt, ist das zum privaten Verbrauch stehende Nettoeinkommen – ggf. aufgebessert um Zuschüsse (Eigenheimzulage etc.), Kindergeld und sonstige Einkünfte.

Weitere, wichtige Zahlen

Der **betriebswirtschaftliche Gewinn** (vor Steuer) ergibt sich, wenn Sie den operativen Gewinn zusätzlich um die über die Abschreibungen hinausgehenden, kalkulatorischen Kosten mindern. Das sind

- der **kalkulatorische Unternehmerlohn** mit realistischen Ansätzen im Bereich von etwa 50 000 bis 70 000 Euro pro Jahr vor Steuern, gründend auf den Gehältern vergleichbarer Angestellter inklusive Arbeitgeberanteil zur Sozialversicherung i.H. von etwa 20 %,
- ggf. **kalkulatorische Mieten** (bei Betriebsräumen in eigenen Immobilien),
- ggf. **kalkulatorische Zinsen** für Eigenkapital.

Tipps für die Praxis:

Gewinn- und Verlust-Rechnung

Lesen Sie die »BWA« bzw. G+V-Rechnung aufmerksam. Das »Ergebnis der gewöhnlichen Geschäftstätigkeit« ist im Hinblick auf die Leistungsfähigkeit des Betriebes nur bedingt aussagekräftig – denn hier sind Abschreibungen, Zinsen, aber auch Erträge aus betrieblich gehaltenen Wertpapieren, Beteiligungen usw. enthalten. Außerordentliche Erträge bzw. Aufwendungen sowie betriebliche Steuern (Gewerbesteuer!) führen schließlich zum Jahresüberschuss bzw. -fehlbetrag. Was der Betrieb jedoch prinzipiell vor Steuern abwirft, der operative Gewinn (Brutto-cash-flow vor Zinsen), muss aus dem Ergebnis der gewöhnlichen Geschäftstätigkeit zurückgerechnet werden, indem Abschreibungen und Zinsen (Finanzerträge bzw. -belastungen) wieder hinzugerechnet werden. Gerade für einen Käufer einer Apotheke ist diese Größe die entscheidende – seine Zinsbelastung und seine Abschreibungen fallen ja im Allgemeinen wesentlich anders aus. Ebenfalls ist auf betriebliche Verquickungen mit privaten Dingen (teurer Betriebs-Pkw, Finanzierung von Immobilien und Steuersparmodellen) zu achten, die das Ergebnis künstlich drücken.

Eine solche, kaufmännisch ehrliche Betrachtungsweise führt bei einem Großteil der Apotheken zu roten Zahlen bzw. allenfalls Gewinnen im unteren, einstelligen Prozentbereich.

Der **effektive Gesamtkostensatz** (also die Umsatzprozente, die für alle tatsächlich in Geld anfallenden Betriebskosten – und somit zunächst ohne Abschreibungen – anzusetzen sind, siehe Rechenschema) ist eine entscheidende Größe. Die Besten (Benchmark) erreichen Werte von deutlich unter 20%! In den Gesamtkosten der üblichen Auswertebögen des Steuerbüros sind jedoch in aller Regel die Abschreibungen enthalten, die »neutralen Aufwendungen« (= vor allem Zinsen) jedoch nicht. Dies ist dann entsprechend umzurechnen.

Die **Bruttorendite** BR (vor Abschreibungen und Steuern, in Umsatz-%) ergibt sich dann ganz einfach aus der Differenz von Netto-Handelsspanne HS und dem Gesamtkostensatz GKS:

$$BR = HS - GKS$$

In Firmenbilanzen sowie an der Börse kursieren noch die Begriffe **EBIT** (Earnings Before Interest and Taxes, also Gewinne vor Zinsen, Steuern und außerordentlichen Erträgen) sowie **EBITDA** (Earnings Before Interest, Taxes, Depreciation and Amortization, Gewinne vor Zinsen, Steuern und Abschreibungen). Wer sich im Hinblick auf seine Renditesituation mit größeren Unternehmen messen möchte, der rechne entsprechend seine Bankzinsen, außerordentlichen Erträge und ggf. die Abschreibungen (für das EBITDA) heraus. Ganz übertragbar sind die Zahlen hingegen nicht, schon aufgrund der teilweise abweichenden Gewinnermittlung, -ausschüttung und Versteuerung dieser Kapitalgesellschaften im Vergleich zu einem Personenunternehmen wie der Apotheke.

Tipps für die Praxis:

Umsatz- und Renditeerwartung
Arbeiten Sie bei obigen Berechnungen immer mehrere Szenarien heraus, und zwar ein erwartetes Szenario sowie eine »best case«- und eine »worst case«-Annahme. Häufig sehen Sie in Gutachten eine Umsatz- und Renditeerwartung, nach der sich alles wunderbar rechnet. Entscheidend ist für Sie jedoch der Punkt, ab dem es kritisch wird, ab dem Sie den ersten Euro verdienen.

9.2 Bilanz

Die Bilanz stellt das Abbild der Vermögenswerte des Betriebes dar (s. Tab. 9.1): Einerseits, welche Werte zum jeweiligen Buchwert vorhanden sind (Aktivseite), andererseits, woher die Mittel dafür stammen (Passivseite). Die Grundlagen der Bilanzierung sind vor allem im Handelsgesetzbuch (HGB) hinterlegt. Die Bilanz und die Buchführung, aufgrund derer die Bilanz erst erstellt werden kann, muss so beschaffen sein, dass ein Dritter in angemessener Zeit einen Überblick über die Geschäftsvorfälle, ihre Entstehung und Abwicklung sowie die Lage des Unternehmens gewinnen kann. Deshalb gibt es die Grundsätze ordnungsgemäßer Buchführung (GOB), die bindend sind und Übersichtlichkeit sowie Klarheit fordern. Sie besagen z. B.:

- Aufstellung eines Kontenplanes (Kontenrahmen) für die einzelnen Kosten bzw. Einnahmen und Kontinuität der Bilanzgliederung, Übersichtlichkeit der Bilanz und Buchführung,

- kontinuierliche, fortlaufende Aufzeichnung,
- keine Radierungen, keine Bleistifteintragungen, keine leeren Räume bei den Konten,
- keine Buchung ohne Beleg,
- tägliche Aufzeichnung der Kasseneinnahmen bzw. -ausgaben,
- Pflicht zum Aufstellen eines Inventarverzeichnisses,
- Einhaltung von Aufbewahrungsfristen (10 Jahre für Handelsbücher, Inventarverzeichnisse, Jahresabschlüsse; 6 Jahre für Buchungsbelege und Handelsbriefe),

u. a. m.

Tab. 9.1: Beispielschema einer Apothekenbilanz

Aktiva	Passiva
1. Anlagevermögen - Grundstücke - Geschäftsausstattung, Einrichtung - Firmenwert - ggf. Pkw, Beteiligungen - langfristige Forderungen	1. Eigenkapital
	2. Rückstellungen
	3. Langfristige Verbindlichkeiten
	4. Kurzfristige Verbindlichkeiten
	5. Rechnungsabgrenzungsposten
2. Umlaufvermögen - Waren - Forderungen aus Lieferungen und Leistungen - sonstige Forderungen - Bankguthaben, Schecks - Kasse	6. Gewinn
3. Rechnungsabgrenzungsposten	

Aktiv- und Passivseite müssen jeweils die gleiche Summe ergeben!

Was verrät die Bilanz?

- Finanzielle Lage und ggf. Überschuldung: Übersteigen die Verbindlichkeiten die Werte der Aktivseite, droht Überschuldung. Es ist jedoch stets zu untersuchen, inwieweit die Buchwerte der Bilanz und die tatsächlich erzielbaren Werte am Markt auseinander klaffen.

- Die **Struktur der Verbindlichkeiten**: Wie hoch sind die meist teuren, kurzfristigen bzw. Lieferantenverbindlichkeiten, wie hoch die wesentlich günstigeren, langfristigen Kredite? Die Höhe der Restschuld ist zu bilanzieren. Hohe Inanspruchnahme teurer, kurzfristiger Finanzierungsmöglichkeiten lässt nicht selten auf Liquiditäts- und Bonitätsprobleme schließen.

- Die Bilanz verschafft eine Übersicht über die **vorhandenen Vermögensgegenstände**. Vollständig abgeschriebene werden mit dem symbolischen Wert von 1 Euro weitergeführt.

- **Rechnungsabgrenzungsposten** sind Positionen, die nur teilweise in das laufende Geschäftsjahr eingestellt werden, obwohl die gesamte Zahlung an einem Stichtag fällig war. Beispiele sind Versicherungen oder Wartungsverträge, die z. B. im Oktober für ein Jahr im Voraus fällig werden, für das normale Geschäftsjahr jedoch nur mit dem Anteil von Oktober bis Jahresende wirksam sind.

Einige Fallen

- Vor allem **immaterielle Vermögenswerte** (einmal gekaufter **Geschäftswert**) spiegeln oft nicht den real noch zu erzielenden Wert wider. Das kann in beide Richtungen wirken – in eine bilanzielle Überbewertung oder alternativ Unterbewertung. Sonstige Buchwerte für Einrichtung usw. weichen ebenfalls nicht selten von dem am Markt zu erzielenden Preis ab. Das kann wiederum zu stillen Reserven führen (bei einer bilanziellen Unterbewertung), aber auch eine »Luftnummer« bedeuten.

- Durch **Verschiebung von Forderungen** bzw. **Wertberichtigungen** von bisher nicht eingebrachten Forderungen gegenüber Kunden besteht ein gewisser Spielraum im Hinblick auf die Bilanz – was aber bei üblichen Apotheken eher eine Nebenrolle spielt, da Probleme mit der Eintreibung von nennenswerten Ausständen kaum bestehen (künftige Versandapotheken mögen in diesem Punkt anders zu bewerten sein).
- Durch **Rückstellungen** lässt sich ebenfalls der Gewinn drücken. Daher ist der Grund dafür zu hinterfragen (Pensionsrückstellungen, Rückstellungen für absehbare, künftige Aufwendungen u. a. m.).
- Die Bilanz gibt jedoch **keine Auskunft, wie der Gewinn** zu Stande gekommen ist. Dies ergibt sich aus der Gewinn- und Verlustrechnung. Der Bilanzgewinn ist auch nicht identisch mit dem steuerlichen Gewinn!
- Die Bilanz gilt zu einem **Stichtag**. Bereits kurze Zeit später kann jedoch vieles vollkommen anders aussehen!

10 TABELLEN, DATEN, GRAFIKEN

Darum geht es in diesem Kapitel:

√ Deutschland in Zahlen

√ Arzneimittelmarkt und Apotheke in Zahlen

√ Einkommensteuer-Tabellen

√ Wichtige Eckwerte, Pauschalen, Freibeträge

Quellen für diesen Tabellenteil: ABDA, AOK-Bundesverband, Arzneiverordnungsreport 2003, Statistisches Jahrbuch der Bundesrepublik Deutschland, eigene Recherchen und Berechnungen.

10.1 Deutschland in Zahlen

Tab. 10.1: Altersverteilung der Bevölkerung 1950 und 2001

Altersklasse	1950, in %	2001, in %
< 1	1,5	0,9
1–5	6,3	4,8
6–13	13,6	8,5
14–17	6,3	4,5
18–20	4,2	3,4
21–39	24,9	27,0
40–59	28,6	26,8
60–64	4,9	7,0
> 65	9,7	17,1
Bevölkerungszahl:	69,3 Mio.	82,4 Mio.

Tab. 10.2: Lebenserwartung beim Alter x in Jahren und Sterbewahrscheinlichkeit pro Jahr in % (für das Jahr 2000)

Alter in Jahren	Sterbewahrscheinlichkeit p.a. in %		Restlebenserwartung in Jahren	
	Männlich	Weiblich	Männlich	Weiblich
0	0,50	0,40	74,8	80,8
1	0,05	0,04	74,2	80,1
2	0,03	0,02	73,2	79,2
5	0,01	0,01	70,2	76,2
10	0,01	0,01	65,3	71,3
15	0,03	0,02	60,3	66,3
20	0,10	0,03	55,5	61,4
25	0,08	0,03	50,8	56,5
30	0,09	0,04	46,0	51,6
35	0,12	0,06	41,2	46,7
40	0,21	0,10	36,5	41,8
45	0,33	0,18	31,9	37,1
50	0,50	0,27	27,5	32,5
55	0,80	0,39	23,3	27,9
60	1,23	0,58	19,3	23,5
65	2,03	0,94	15,6	19,3
70	3,28	1,61	12,3	15,3
75	5,03	2,83	9,4	11,6
80	8,11	5,26	7,0	8,5
85	13,35	9,78	5,1	5,9
90	20,70	16,98	4,0	4,1

Tab. 10.3: Haushaltsnettoeinkommen 2002 (Zahl der Haushalte: 38,7 Mio.)

Einkommensklasse, in Euro	% der Haushalte
bis 500	3,1
> 500 bis 900	11,1
> 900 bis 1300	16,1
> 1300 bis 1500	8,5
> 1500 bis 2000	16,8
> 2000 bis 2600	15,4
> 2600 bis 4500	18,7
> 4500	5,5
ohne Angabe	4,8

Tab. 10.4: Berufsgruppen im Gesundheitswesen

Berufsgruppe	Anzahl, gerundet
Ärzte	298 000
Zahnärzte	53 000
Apotheker	64 000
... PTA	48 000
... PKA, Helferinnen	41 000
Heilpraktiker	18 000
Physiotherapeuten, Masseure	126 000
Augenoptiker	41 000
Zahntechniker	67 000
MTA	93 000
(Zahn-)Arzthelferinnen	493 000
Krankenschwestern	697 000
Altenpfleger	263 000

Tab. 10.5: Struktur der Krankenversicherten nach Versicherungen

Versicherung	% der Versicherten
Ortskrankenkassen	ca. 37
Betriebskrankenkassen	ca. 11
Innungskrankenkassen	6,0
Landwirtschaftliche Krankenkasse	1,5
Bundesknappschaft	1,8
Ersatzkassen	ca. 31
Private Kassen	ca. 9,0
Sonstiger Versicherungsschutz	2,4
Nicht krankenversichert	ca. 0,2

10.2 Arzneimittelmarkt und Apotheke in Zahlen

Quellen: ABDA, Arzneiverordnungsreport, sowie eigene Recherchen

Daten für 2003
Gesamt-Apothekenumsatz netto ohne Mwst.: etwa 32 Mrd. Euro

Aufteilung, ca.:

Rezeptpflichtig:	70%
Rezeptfrei – verordnet:	10%
Selbstmedikation:	12%
Medicalprodukte:	3,5%
Ergänzungssortiment:	3,0%
Freiverkäufliche AM:	1,5%

Grobe **Nettoumsatzverteilung** (gesamte BRD):

< 0,5 Mio.:	unter 5%
0,5 – 1 Mio.:	25%
1 – 1,5 Mio.:	35%
> 1,5 Mio.:	35%

Durchschnitt: rund 1,50 Mio. Euro

Handelsspannenentwicklung (jeweils netto in %):

1970	1980	1990	1995	2000	2002	2003
39,6	36,9	32,8	32,0	31,5	30,2	28,4

Pro-Kopf-Apothekenumsatz netto:
ca. EUR 390,– (alte BL)
ca. EUR 380,– (neue BL)

Regionale Schwankungen: beträchtlich, vor allem wegen örtlicher GKV-Verordnungsunterschiede, weniger wegen der Kaufkraft. GKV-Umsätze schwanken zwischen knapp 200 Euro und über 300 Euro pro Kopf, je nach KV-Bezirk.

Arzneimittelverbrauch versus Alter: Der Verbrauch nimmt mit steigendem Alter erheblich zu, wie Abbildung 10.1 (über beide Geschlechter hinweg) zeigt. Frauen liegen dabei bis ins höhere Alter rund 20% bis 30% über den Männern; erst bei den Hochbetagten gleichen sich die Werte an.

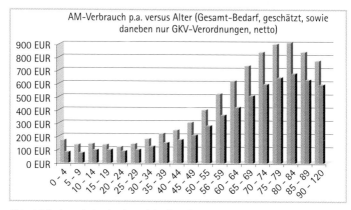

Abb. 10.1: Arzneimittelverbrauch in den einzelnen Altersklassen

Packungszahlen und -werte – orientierende Durchschnittswerte 2003:

Packungen pro Rezept: ca. 1,55

Packungen pro Kopf der Bevölkerung + Jahr: ca. 18

Packungszahl (Gesamt-BRD, Arzneimittel):   ca. 1,65 Mrd.

Tab. 10.6: Entwicklung der Umsatzsegmente

Umsatzsegment	Pckg.-Zahl	Trend 2004	Pckg.-Wert netto in Euro
Arzneimittel AM gesamt	77 000		17,80
AM-Verordnungen VO:	47 000	↘	24,50
- nur rezeptpflichtig	34 500	→*	30,50
- nur rezeptfrei	12 500	↓**	10,50
Barverkauf AM	30 000	↑*	6,90
- apo.-pflichtige AM	27 000	↑*	6,50
- freiverkäufl. AM	3 000	↗	10,50

* durch Kompensationseffekte
** weitgehender Wegfall aus der GKV-Erstattung

Tab. 10.7: Einige Kennzahlen des Apothekenbetriebes 2003

Kennzahl	Wert
Durchschnittlicher Pro-Kopf-Umsatz netto p.a.	ca. 250 Tsd. Euro
... nur HV-Mitarbeiter	ca. 400–450 Tsd. Euro
Personalaufwand pro Packung, gesamt	1,80 bis 2,00 Euro
Umsatz, Durchschnitt	1,50 Mio. Euro
Rohgewinnsatz (Spanne)	ca. 28 % bis 28,5 %
... steuerlicher Richtsatzbereich 2003 (wird überarbeitet)	28 % bis 33 %
durchschnittliche Kosten, in Umsatz-%:	
Miete, kalt	ca. 2,2 bis 2,5 %
Personalkosten (neue BL: ca. 1 % weniger)	ca. 10,0 bis 11,0 %
Abschreibungen	ca. 1,5 %
Zinsen, gesamt	ca. 1,0 %
Sonstige Sachkosten, Beiträge	ca. 5 % bis 6 %
... davon Marketing	ca. 1 % bis 1,5 %
Operativer Gewinn	ca. 9 % bis 10 %
Betriebswirtschaftlicher Gewinn (nach Abzug kalkulat. Unternehmerlohn)	ca. +/- Null bis 1 %

Pachtapotheken weisen i.d.R. etwas günstigere Kostenstrukturen auf, zahlen dafür aber durchschnittlich rund 4,5–6 % Pacht (im Einzelfall deutliche Abweichungen möglich). Obige Daten sind Durchschnitts-Richtwerte. Bei sehr hohen oder niedrigen Umsätzen, Betriebsbesonderheiten (eigene/fremde Räume, Heim-, Krankenhausbelieferung, umfangreiche Laborleistungen etc.) und nicht zuletzt aufgrund der individuellen Betriebsführung ergeben sich z.T. erheblich andere Zahlen – positiv wie negativ!

Die Benchmarks der Besten

Dies sind die Traummarken, die die besten Apotheken bisher erreichen konnten. Allerdings lassen sich in aller Regel nicht alle Marken gleichzeitig erklimmen; eine gute Lage ist z. B. mit höheren Mieten erkauft. Betriebe, die diese Benchmarks erreichen, sind zumeist überaus werbeaktiv; überdurchschnittliche Werbekosten sind daher ein positives Zeichen!

Tab. 10.8: Benchmark-Werte verschiedener Kennzahlen

Kennzahl	Benchmark-Wert
Durchschnittlicher Pro-Kopf-Umsatz netto p.a. ... nur HV-Mitarbeiter	> 300 Tsd. Euro > 500 Tsd. Euro
Personalaufwand pro Packung, gesamt	< 1,60 Euro
Rohgewinnsatz (Spanne)	> 33 %
Durchschnittliche Kosten, in Umsatz-%:	
Miete, kalt	< 2,0 %
Personalkosten	< 9 %
Sonstige Sachkosten, Beiträge	< 5 %
... davon Marketing	ca. 2 % bis 3 %
Operativer Gewinn	> 12 %
Betriebswirtschaftlicher Gewinn (nach Abzug kalkulat. Unternehmerlohn)	> 3 %

Beispiel:

> **Einige Extremwerte mögen den Spielraum verdeutlichen.**
>
> Mittlere Apotheke ca. 1,3 Mio. EUR Umsatz in Kleinstadt, rund
> 33% Spanne, knapp 14% Gesamtkosten, das ergibt eine Brutto-
> rendite von beinahe 20% (vor BSSichG) bzw. rund 250000 EUR
> p.a. vor Steuer! Gründe: sehr niedrige Miete, Personalkosten rund
> 6%, geringe Marketingaufwendungen (Alleinstellung am Ort),
> straffes Kostenmanagement.
>
> **Negativ-Beispiel:** Große Lauflagen-Apotheken, ca. 3 Mio. EUR
> Umsatz, es wird daraus kein nennenswertes Einkommen (ca.
> 10000 bis 15000 EUR netto p.a.) erzielt! Gründe: Ausufernde
> Marketingkosten, sehr viele Dumping-Preise, die die Spanne
> ruinieren, sehr hohe Raumkosten, hohe Personalkosten wegen
> Öffnungszeiten. Die Apotheke steht vor dem Exitus.

10.3 Einkommensteuer-Tabellen

10.3.1 Tarif 2004

Die angegebenen Steuern verstehen sich inklusive dem Solidaritätszuschlag von 5,5%; gerundete Daten. Die Grenzbelastung
gibt an, wie hoch die Steuerbelastung für das letzte Intervall in
der Tabelle (die letzten 5000 bzw. 10000 Euro) in etwa ist. Split-
tingtarif = »Verheiratetentarif«.

Tab. 10.9: Einkommensteuer-Tabelle 2004

zu verst. Einkommen in Euro	Steuer-Grundtarif (Euro)	Grenzbe-belastung ca. %	Steuer Splitting-tarif (Euro)	Grenzbe-belastung ca. %
10 000	420		0	
15 000	1 660	24	0	
20 000	3 060	28	830	18
25 000	4 610	31	2 030	23
30 000	6 290	34	3 320	26
35 000	8 110	36	4 690	28
40 000	10 080	39	6 120	29
45 000	12 180	42	7 640	30
50 000	14 410	45	9 210	31
60 000	19 150	47	12 580	34
70 000	23 900	47	16 230	36
80 000	28 650	47	20 160	39
90 000	33 400	47	24 370	42
100 000	38 140	47	28 830	45
110 000	42 890	47	33 550	47
120 000	47 640	47	38 300	47
130 000	52 390	47	43 050	47
140 000	57 130	47	47 800	47
150 000	61 880	47	52 560	47
200 000	85 620	47	76 280	47

10.3.2 Tarif 2005

Tab. 10.10: Einkommensteuertabelle 2005 (voraussichtlich)

Zu verst. Einkommen in Euro	Steuer- Grundtarif (Euro)	Grenzbe- belastung ca. %	Steuer Splitting- tarif (Euro)	Grenzbe- belastung ca. %
10 000	400		0	
15 000	1630	25	0	0
20 000	3010	28	790	16
25 000	4510	30	1970	24
30 000	6130	32	3250	26
35 000	7870	35	4610	27
40 000	9740	37	6010	28
45 000	11 720	40	7490	30
50 000	13 810	42	9010	30
60 000	18 230	44	12 260	33
70 000	22 670	44	15 740	35
80 000	27 100	44	19 470	37
90 000	31 540	44	23 440	40
100 000	35 960	44	27 620	42
110 000	40 390	44	32 030	44
120 000	44 830	44	36 470	44
130 000	49 260	44	40 900	44
140 000	53 680	44	45 340	44
150 000	58 110	44	49 770	44
200 000	80 270	44	71 910	44

10.4   Wichtige Eckwerte, Pauschalen, Freibeträge

10.4.1 Sozialversicherungs-Eckwerte für 2004

Tab. 10.11: Bemessungsgrenze und Beitragssatz verschiedener Versicherungen, 2004

Versicherungszweig	Bemessungsgrenze monatlich	Beitragssatz in %
Alte Bundesländer:		
Rente	5150,-	19,5%
Arbeitslosen-Vers.	5150,-	6,5%
Gesetzl. Krankenvers.	3487,50*	ca. 13–15%
Pflege-Vers.	3487,50	1,7%
Neue Bundesländer:		
Rente	4350,-	19,5%
Arbeitslosen-Vers.	4350,-	6,5%
Krankenkasse	3487,50*	ca. 13–15%
Pflege-Vers.	3487,50	1,7%

* Die Pflichtversicherungsgrenze in der Krankenversicherung liegt, abweichend von der Bemessungsgrenze, nunmehr bei 3862,50 Euro für Neueinsteiger.

10.4.2   Pauschalen und Freibeträge

Soweit nicht anders erwähnt, gelten die Werte pro Jahr, gültig in 2004. Alphabetische Sortierung nach Themen.

Abfindungen
Steuerfrei sind:

- pauschal 7200 Euro,
- über 50 Jahre, Arbeitsverhältnis mind. 15 Jahre: 9000 Euro
- über 55 Jahre, Arbeitsverhältnis mind. 20 Jahre: 11 000 Euro.

Alleinerziehende: Haushaltsfreibetrag 1308 Euro.

Arbeitnehmer-Pauschbetrag: 920 Euro.

Behinderte: abhängig vom Grad der Behinderung (GdB) sind folgende Pauschbeträge steuerfrei:
- mind. 25% bis 30% GdB: 310 Euro,
- in Stufen bis 1 420 Euro bei GdB von 95% und mehr.

Beihilfe zur Geburt/Heirat (Angestellte):
- 315 Euro
- in Notfällen: 600 Euro.

Betriebsfeier (Weihnachtsfeier): steuer- und sozialabgabenfrei für die Angestellten bis zu 110 Euro inklusive Mehrwertsteuer pro Arbeitnehmer (Angehörige zählen ggf. in die Pauschale mit hinein) und maximal zweimal im Jahr. Pauschalversteuerung bei darüberhinaus gehenden Beträgen möglich.

Berufsausbildung bzw. Weiterbildung in einem nicht ausgeübten Beruf: 920 Euro, bei auswärtiger Unterbringung 1227 Euro.

Bewirtungsaufwendungen (betrieblich): zu 70% absetzbar.

Entfernungspauschale (für Fahrten zum Arbeitsplatz):
0,30 Euro je Entfernungskilometer (nicht für Flugreisen).

Essenszuschuss: Nur steuerfrei, wenn Arbeitnehmer mindestens den amtlichen Sachbezugswert entrichtet (z. B. täglich 1,43 Euro für Frühstück, 2,55 Euro für Mittag- oder Abendessen).

Geldgeschenke: An Arbeitnehmer sind stets steuerpflichtig.

Geschenke (Werbegeschenke): max. 35 Euro pro Jahr und Empfänger. Bedruckung etc. zählen dazu, auch die Mehrwertsteuer, soweit sie nicht als Vorsteuer abziehbar ist, Versand und Verpackung nicht.

GWG-Grenze (geringwertige Wirtschaftsgüter, sofort absetzbar): 410 Euro netto.

Jobticket (Angestellte): Steuerpflichtig ab 2004.

Kfz im Betriebsvermögen + privat genutzt: 1 % pro Monat des Listenpreises als geldwerter Vorteil zu versteuern, dazu 0,03 % des Listenpreises pro Entfernungskilometer an den benutzten Tagen für die Fahrt Wohnung – Arbeitsstätte und Familienheimfahrten (alternativ: Fahrtenbuch + exakte Kostenaufteilung). Dagegen abziehbar sind 0,30 Euro je Entfernungskilometer (Entfernungspauschale). Voller Vorsteuerabzug (Anschaffung und Unterhalt) wieder möglich.

Kinder
Kindergeld: 154 Euro für das 1., 2. und 3. Kind, 179 Euro ab dem 4. Kind.

Kinderfreibetrag: 1824 Euro je Elternteil (zusammen also 3648 Euro). Das Finanzamt prüft automatisch, ob (in aller Regel) das Kindergeld günstiger ist, oder aber die Verwendung der Freibeträge.

Betreuungsfreibetrag (bis 16 Jahre oder bei Behinderung): 1080 Euro/2160 Euro (ledig/verheiratet).

Eigene Einkünfte der Kinder (»kindergeldschädliche Einkommensgrenze«): 7680 Euro für volljährige Kinder. Liegt das Einkommen darüber, entfallen alle kindbedingten, steuerlichen Vorteile. Arbeitnehmer-Pauschbetrag, Sparer-Freibetrag und Werbungskosten dürfen jedoch in Anspruch genommen werden.

Nebenberufliche Einnahmen als Übungsleiter, Ausbilder, Erzieher, aus nebenberuflichen, künstlerischen Leistungen, aus nebenberuflicher Pflege (stets max. ein Drittel der Normalarbeitszeit): Freibetrag 1848 Euro.

Rabattfreibetrag (Mitarbeiterrabatte): 1080 Euro.

Sachgeschenke (Angestellte): Bis zur Freigrenze von 40 Euro einschließlich Mehrwertsteuer steuer- und sozialabgabenfrei. Geht der Wert darüber hinaus, ist alles (!) abgabenpflichtig.

Sachprämien (z.B. aus Kundenbindungsprogrammen): Freibetrag 1080 Euro.

Sparer-Freibetrag: 1370 Euro/2740 Euro (ledig/verheiratet).

Spenden: Für

- politische Parteien: abzugsfähig bis max. 1600/3200 Euro (ledig/verheiratet),
- kirchliche, religiöse, gemeinnützige Zwecke: max. 5%,
- mildtätige Zwecke: max. 10%,
- wissenschaftliche und kulturelle Zwecke: max. 10%
- des Gesamtbetrages der Einkünfte als Sonderausgaben abzugsfähig. Sonderregelungen für Großspenden über 25565 Euro.

Veräußerungsfreibetrag (Betriebsverkauf):
45000 Euro (unter bestimmten Voraussetzungen, wird ab Gewinnen von 136000 Euro abgeschmolzen).

LITERATUR

Caprano, E., Gierl, A.: Finanzmathematik. Verlag Vahlen München (1998)

Dechant et al.: Tabellen und Informationen für den steuerlichen Berater 2004. DATEV Nürnberg (2004)

Gebler, H., Kindl, G.: Pharmazie für die Praxis, 5. Auflage. Deutscher Apotheker Verlag Stuttgart (2005)

Lang, H.-U.: Wie spare ich als Apotheker Steuern? Deutscher Apotheker Verlag Stuttgart (2003)

Schwabe, U., Paffrath, D.: Arzneiverordnungsreport 2003. Springer-Verlag Berlin – Heidelberg – New York (2003)

SACHREGISTER

Marketing

Apothekenmanagement
Kosten senken – Ertrag steigern –
Zukunft sichern
Von Axel Witte und Doris zur Mühlen.
XIV, 254 Seiten. 14 Abbildungen,
31 Tabellen. Gebunden.
ISBN 3-7692-3334-4

Zwei ausgewiesene Fachleute
zeigen, wie Sie

- Ihren Betrieb analysieren,
  Krisen erkennen und meistern,
- Umsatzpotenziale nutzen und
  Kosten optimieren,
- Chancen erkennen und
  Handlungskonzepte entwickeln.

Mit diesem Wissen stellen Sie sich
selbst den neuen Aufgaben und
unternehmen selbst etwas für Ihr
Unternehmen.

Marketing für Apotheker
Immer einen Schritt voraus
Von Rüdiger Ott.
213 Seiten. 86 vierfarbige
Abbildungen, 18 Tabellen.
Gebunden.
ISBN 3-7692-2995-9

Für Apotheken mit Profil
Anti-Aging-Programme, Wellness
oder Fitness sind keine kurzfristiger
Trends oder vorübergehende Zeit-
erscheinungen. Das Streben nach
Lebensqualität gewinnt immer stärk
Bedeutung im Bewusstsein einer
ganzen Gesellschaft. Zeit für
Apotheken, sich als die Anlaufstatio
für alle wichtigen Fragen rund um
das Thema zu etablieren.

Deutscher Apotheker Verlag Stuttgart
Birkenwaldstr. 44 · 70191 Stuttgart · Telefon 0711 25 82 341 · Telefax 0711 25 82
E-Mail: service@deutscher-apotheker-verlag.de · www.deutscher-apotheker-v